LE DOSSIER

DE

LA COMMUNE

DEVANT LES

CONSEILS DE GUERRE

PARIS

LIBRAIRIE DES BIBLIOPHILES

Rue Saint-Honoré, 338

M DCCC LXXII

DOCUMENTS

SUR LES ÉVÉNEMENTS DE 1870-1871

———

LE DOSSIER

DE LA COMMUNE

DOCUMENTS

SUR LES ÉVÉNEMENTS DE 1870-71.

NOTA. — *Cette série de publications sera continuée.*

TABLETTES QUOTIDIENNES

DU SIÉGE DE PARIS

Réimpression de la LETTRE-JOURNAL

Un vol. gr. in-8°. — 3 FR.

LE DOSSIER

DE

LA COMMUNE

DEVANT LES

CONSEILS DE GUERRE

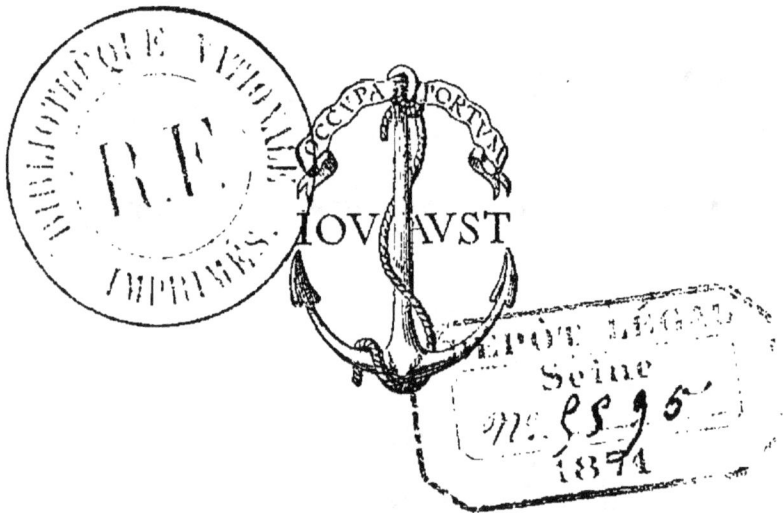

PARIS

LIBRAIRIE DES BIBLIOPHILES

RUE SAINT-HONORÉ, 338

—

1871

Ce que nous publions aujourd'hui n'est pas le compte rendu des audiences tenues par les Conseils de guerre siégeant à Versailles ; nous réunissons simplement, sous le titre de *Dossier de la Commune*, les rapports et les réquisitoires des principales affaires qui se sont déroulées devant la justice militaire. Nous croyons donner ainsi le récit le plus fidèle qui ait été fait jusqu'à présent des événements qui ont signalé la domination de la Commune : et, en effet, les documents que nous reproduisons, rédigés d'après des renseignements plus exacts et plus complets que tous ceux qui ont pu servir aux historiens de l'insurrection parisienne, empruntent encore aux personnes dont ils émanent un caractère incontestable d'authenticité.

Il s'en faut que nous ayons mentionné toutes les affaires ; nous nous en sommes tenu à celles qui présentaient un véritable intérêt historique.

Parmi celles que nous avons négligées, nous citerons, comme ayant plus spécialement fixé l'attention du public, l'affaire d'Abel Peyrouton, avocat, condamné, avec circonstances atténuantes, à cinq ans de détention, pour usurpation de fonctions et attentat ayant pour but de détruire ou changer le gouvernement ; — et l'affaire de la veuve Leroy, maîtresse d'Urbain, condamnée à la déportation simple pour provocation, par cris et menaces proférés publiquement, à un attentat ayant pour but de porter la dévastation et le massacre dans Paris, et pour complicité, par aide et assistance, d'un vol commis à l'aide de violence par Urbain.

Enfin, nous avons trouvé que le préambule obligé de notre *Dossier de la Commune* était la circulaire adressée, le 6 juin, par le Ministre des affaires étrangères, aux agents diplomatiques de la République, pour leur exposer les causes de l'insurrection du 18 mars.

20 novembre 1871.

TABLE-SOMMAIRE

LE DOSSIER DE LA COMMUNE

CIRCULAIRE

DU MINISTRE DES AFFAIRES ÉTRANGÈRES
AUX AGENTS DIPLOMATIQUES DE LA RÉPUBLIQUE[1]

Versailles, 6 juin 1871.

Monsieur, la formidable insurrection que la vaillance de notre armée vient de vaincre, a tenu le monde entier dans de telles anxiétés, elle l'a épouvanté par de si effroyables forfaits, qu'il me semble nécessaire de dominer l'horreur qu'elle inspire pour essayer de démêler les causes qui l'ont rendue possible. Il importe que vous soyez éclairé sur ce point, afin de pouvoir rectifier des opinions erronées, mettre les esprits en garde contre de fâcheuses exagérations et provoquer partout le concours moral des hommes sensés, honnêtes, courageux, qui veulent résolûment restaurer le principe de l'autorité en lui donnant pour base le respect des lois, la modération et la liberté.

1. Nous avons pensé qu'il était bon de donner ici, comme préambule au Dossier de la Commune, la circulaire dans laquelle le ministre des affaires étrangères exposait, le 6 juin 1871, aux agents diplomatiques de la République, les causes de l'insurrection du 18 mars.

Quand on a été témoin des catastrophes que nous avons traversées, la première impulsion porte à douter de tout, hors de la force, qui, apparaissant comme le remède suprême, semble par cela être le seul principe vrai. Mais la fumée du combat n'est pas encore dissipée que chacun, interrogeant sa conscience, y trouve le guide supérieur qu'on n'abandonne jamais en vain, et auquel nous sommes ramenés quand nous l'avons sacrifié à la violence de nos passions.

Cette fois, la leçon est tout ensemble si éclatante et si terrible qu'il faudrait une singulière dureté de cœur pour se refuser à en admettre l'évidence. La France, comme on le répète trop légèrement, n'a point reculé vers la barbarie, elle n'est pas davantage en proie à une sorte d'hallucination furieuse; elle a été, par une série de fautes volontaires, jetée en dehors des voies du juste et du vrai. Elle subit aujourd'hui la plus cruelle et la plus logique des expiations.

Qui peut nier, en effet, que l'acte du Deux Décembre et le système qui en a été la consécration n'aient introduit dans le sein de la nation un élément actif de dépravation et d'abaissement? En ce qui concerne plus particulièrement la ville de Paris, il n'est pas un esprit sérieux qui n'ait compris et prédit les inévitables malheurs que préparait la violation audacieuse de toutes les règles économiques et morales, conséquence inévitable des travaux à outrance nécessaires à l'existence de l'empire. On peut se reporter à de récentes discussions, et l'on verra avec quelle précision étaient dénoncés les périls que contestaient intrépidement les trop dociles approbateurs de ces criminelles folies. Paris était condamné par le régime que lui avait fait le gouvernement impérial à subir une crise redoutable; elle aurait éclaté en pleine paix; la guerre lui a donné les caractères d'une horrible convulsion.

Il n'en pouvait être autrement: en accumulant dans l'enceinte de la capitale une population flottante de près de trois cent mille travailleurs, en y multipliant toutes les excitations des jouissances faciles et toutes les souffrances de la misère, l'empire avait organisé un vaste foyer de corruption et de désordres, où la moindre étincelle pouvait allumer un incendie. Il avait créé un atelier national alimenté par une spéculation

fiévreuse , et qu'il était impossible de licencier sans catastrophe.

Quand il commit le crime de déclarer la guerre, il appela
sur Paris la foudre qui devait l'écraser cinq semaines après.
Nos armées étaient détruites et la grande cité restait seule en
face des huit cent mille Allemands qui inondaient notre territoire. Le devoir de la résistance animait toutes les âmes.
Pour le remplir à Paris, il fallut armer sans distinction tous
les bras : l'ennemi était aux portes, et sans cette témérité nécessaire il les aurait franchies dès son premier choc.

Il fallut aussi nourrir tous ceux qui manquaient de travail,
et le nombre en dépassa six cent mille. C'est dans ces conditions périlleuses que commença le siége. Nul ne le croyait
possible.

On annonçait que la sédition livrerait la ville au bout de
quelques semaines. La ville a tenu quatre mois et demi, malgré les privations, malgré les rigueurs d'une saison cruelle,
malgré le bombardement, et la famine seule l'a obligée à
traiter. Mais nul ne saurait dire la violence des perversions
morales et physiques auxquelles cette malheureuse population
fut en proie. Les exigences du vainqueur y mirent le comble.
A l'humiliation de la défaite vint se joindre la douleur des sa-
crifices qu'il fallait subir.

Le découragement et la colère se partagèrent les âmes. Nul
ne voulut accepter son malheur et beaucoup cherchèrent leur
consolation dans l'injustice et dans la violence. Le déchaîne-
ment de la presse et des clubs fut poussé jusqu'aux dernières
limites de l'extravagance. La garde nationale se désagrégea.
Un grand nombre de ses membres, chefs et soldats, quittè-
rent Paris.

Coupé en deux par la réunion de l'Assemblée à Bordeaux,
le Gouvernement restait sans force. Il en aurait acquis par sa
translation à Versailles, si les agitateurs n'avaient choisi ce
moment pour allumer l'insurrection.

N'ayant à leur opposer que quelques régiments à peine organisés, le Gouvernement couvrit l'Assemblée et commença
la partie terrible qu'il a définitivement gagnée, grâce surtout
à la sagesse, à la fermeté, au dévouement sans bornes de son

chef. Il fallut, en dépit de tous les obstacles, réunir une armée assez nombreuse pour assiéger les forts et Paris, et les réduire; contenir l'étranger toujours disposé à intervenir, calmer les impatiences légitimes de l'Assemblée, déjouer les intrigues qui se nouaient chaque jour, pourvoir, sans trésor, à d'effroyables dépenses de guerre et d'occupation étrangère. Que de fois le problème n'a-t-il pas semblé insoluble à ceux qui avaient l'effrayante mission de le résoudre! Que de fois, amis et ennemis leur répétaient-ils qu'ils y succomberaient! Ils n'ont pas désespéré, ils ont suivi la ligne de leur devoir.

Les prisonniers qui gémissaient en Allemagne sont rentrés; au lieu du repos auquel ils avaient tant de droits, ils ont trouvé le péril et le sacrifice. La patrie le commandait; tous, depuis le plus illustre jusqu'au plus humble, ont obéi. Ils ont de nouveau prodigué leur vie à la défense du droit, et l'entreprise que leurs rivaux jugeaient impossible, ils l'ont accomplie. Les forts de l'enceinte ont été emportés d'assaut, et la rébellion, poursuivie pied à pied, a succombé dans son dernier repaire.

Mais à quel prix, grand Dieu! L'historien ne pourra le raconter sans épouvante. La plume tombera plusieurs fois de ses mains quand il faudra qu'elle retrace les hideuses et sanglantes scènes de cette lamentable tragédie, depuis l'assassinat des généraux Lecomte et Clément Thomas jusqu'aux incendies préparés pour embraser tout Paris, jusqu'à l'abominable et lâche massacre des saintes victimes fusillées dans leurs prisons.

Toutefois, l'indignation et le dégoût ne peuvent arrêter les hommes politiques dans l'accomplissement du devoir d'investigation que leur imposent de si extraordinaires forfaits.

Les détester et les punir n'est point assez. Il faut en rechercher le germe et l'extirper.

Plus le mal est grand, plus il est essentiel de s'en rendre compte et de lui opposer la coalition de tous les gens de bien.

Je viens d'expliquer sommairement comment l'état général de la ville de Paris constituait par lui-même une prédisposition au désordre, et comment il s'était aggravé dans les proportions les plus menaçantes par l'anarchie du siége.

Un petit groupe de sectaires politiques avait, dès le 4 septembre, tenté, heureusement en vain, de profiter de la confusion pour s'emparer du pouvoir ; depuis, ils n'avaient cessé de conspirer.

Représentant la dictature violente, la haine de toute supériorité, la convoitise et la vengeance, ils furent dans la presse, dans les réunions, dans la garde nationale, des artisans audacieux de calomnies, de provocations et de révolte. Vaincus le 31 octobre, ils se servirent de l'impunité pour se glorifier de leurs crimes et en reprendre l'exécution le 22 janvier. Leur mot d'ordre fut la commune de Paris et, plus tard, après le traité des préliminaires, la fédération de la garde nationale.

Avec une rare habileté, ils préparèrent une organisation occulte qui bientôt se répandit sur la cité tout entière. C'est par elle que, le 18 mars, ils saisirent le mouvement qui, d'abord, semblait n'avoir aucune portée politique. Les élections dérisoires auxquelles ils procédèrent ne furent pour eux qu'un masque ; maîtres de la force armée, détenteurs de ressources immenses en munitions, en artillerie, en mousqueterie, ils ne songèrent plus qu'à régner par la terreur et à soulever la province.

Sur plusieurs points du territoire éclatèrent des insurrections qui, un instant, encouragèrent leurs coupables espérances. Grâce à Dieu, elle furent réprimées ; néanmoins, dans plusieurs départements, les factieux n'attendaient que le succès de Paris, mais Paris demeura le seul champion de la révolte. Pour entraîner sa malheureuse population, les criminels qui siégeaient à l'Hôtel de ville ne reculèrent devant aucun attentat. Ils firent appel au mensonge, à la proscription, à la mort. Ils enrôlèrent les scélérats tirés par eux des prisons, les déserteurs et les étrangers. Tout ce que l'Europe renferme d'impur fut convoqué. Paris devint le rendez-vous des perversités du monde entier. L'Assemblée nationale fut vouée aux insultes et à la vengeance.

C'est ainsi qu'on parvint à égarer un grand nombre de citoyens et que la cité se trouva sous le joug d'une poignée de fanatiques et de malfaiteurs. Je n'ai point à détailler leurs crimes. Je voulais seulement montrer par quel concours de circonstances fatales leur règne honteux a été possible. Ils se sont emparés d'une population déshabituée du travail, irritée par le malheur, convaincue que son gouvernement la trahissait : ils l'ont dominée par la terreur et la fourberie. Ils l'ont associée à leurs passions et à leurs forfaits ; et, quant à eux, enivrés de leur éphémère pouvoir, vivant dans le vertige, s'abandonnant sans frein à la satisfaction de leurs basses convoitises, ils ont réalisé leurs rêves monstrueux et se sont abîmés, comme des héros de théâtre, dans la plus épouvantable catastrophe qu'il ait été donné à l'imagination d'un scélérat de concevoir.

Voilà, monsieur, comment je comprends ces événements qui confondent et révoltent et qui paraissent inexplicables quand on ne les étudie pas attentivement. Mais j'omettrais un des éléments essentiels de cette lugubre histoire si je ne rappelais qu'à côté des jacobins parodistes qui ont eu la prétention d'établir un système politique, il faut placer les chefs d'une société, maintenant tristement célèbre, qu'on appelle l'*Internationale*, et dont l'action a peut-être été plus puissante que celle de leurs complices, parce qu'elle s'est appuyée sur le nombre, la discipline et le cosmopolitisme.

L'Association internationale des travailleurs est certainement l'une des plus dangereuses dont les gouvernements aient à se préoccuper. La date de sa formation est déjà éloignée. On la fait ordinairement remonter à l'exposition de 1862. Je la crois plus ancienne. Il est naturel et légitime que les ouvriers cherchent à se rapprocher par l'association. Il y a plus de quarante ans qu'ils y songent, et si leurs efforts ont été contrariés par la législation et par les tribunaux, ils n'en ont pas moins persévéré avec constance. Seulement, dans les dix dernières années, la sphère de leur action s'est singulièrement étendue et leurs idées ont pris un caractère dont il est permis de s'inquiéter. Comme l'indique le titre même de leur association, les fondateurs de l'Internationale ont voulu effacer et confondre les nationalités dans un intérêt commun supérieur.

On pouvait croire tout d'abord cette conception uniquement inspirée par un sentiment de solidarité et de paix.

Les documents officiels démentent complétement cette supposition. L'Internationale est une société de guerre et de haine. Elle a pour base l'athéisme et le communisme, pour but la destruction du capital et l'anéantissement de ceux qui le possèdent, pour moyen la force brutale du grand nombre, qui écrasera tout ce qui essayera de résister.

Tel est le programme qu'avec une cynique audace les chefs ont proposé à leurs adeptes: ils l ont publiquement enseigné dans leurs congrès, inséré dans leurs journaux. Car, en leur qualité de puissance, ils ont leurs réunions et leurs organes. Leurs comités fonctionnent en Allemagne, en Belgique, en Angleterre et en Suisse. Ils ont de nombreux adhérents en Russie, en Autriche, en Italie et en Espagne. Comme une vaste franc-maçonnerie, leur société enveloppe l'Europe entière.

Quant à leurs règles de conduite, ils les ont trop de fois énoncées pour qu'il soit nécessaire de démontrer longuement qu'elles sont la négation de tous les principes sur lesquels repose la civilisation.

« Ñous demandons, disent-ils dans leur feuille officielle du 25 mars 1869, la législation directe du peuple par le peuple, l'abolition du droit d'hérédité individuelle pour les capitaux et les instruments de travail, l'entrée du sol à la propriété collective. »

« L'alliance se déclare athée, dit le conseil général de Londres qui se constitue en juillet 1869 ; elle veut l'abolition des cultes, la substitution de la science à la foi, et de la justice humaine à la justice divine, l'abolition du mariage.

« ...Elle demande avant tout l'abolition du droit d'héritage, afin qu'à l'avenir la jouissance soit égale à la production de chacun, et que, conformément au dernier congrès de Bruxelles, la terre, les instruments de travail, comme tout autre capital, devenant la propriété collective de toute la société, ne puissent être utilisés que par les travailleurs , c'est-à-dire par les associations agricoles et industrielles. »

Tel est le résumé de la doctrine de l'Internationale, et c'est pour anéantir toute action comme toute propriété individuelle, c'est pour écraser les nations sous le joug d'une sorte de monarchisme sanguinaire, c'est pour en faire une vaste tribu appauvrie et hébétée par le communisme, que des hommes égarés et pervers agitent le monde, séduisent les ignorants et entraînent après eux les trop nombreux sectateurs qui croient trouver dans la résurrection de ces inepties économiques des jouissances sans travail et la satisfaction de leurs plus coupables désirs.

Ce sont là, en effet, les perpectives qu'ils étalent aux yeux des gens simples qu'ils veulent tromper : « Ouvriers de l'univers, dit une publication du 29 janvier 1870, organisez-vous si vous voulez cesser de souffrir de l'excès de fatigue ou de privations de toutes sortes. »

« Par l'association internationale des travailleurs, l'ordre, la science, la justice remplaceront le désordre, l'imprévoyance et l'arbitraire. »

« Pour nous, est-il dit ailleurs, le drapeau rouge est le symbole de l'amour humain universel : que nos ennemis songent donc à ne pas le transformer contre eux-mêmes en drapeau de la terreur. »

En présence de ces citations, tout commentaire est inutile. L'Europe est en face d'une œuvre de destruction systématique dirigée contre chacune des nations qui la composent, et contre les principes mêmes sur lesquels reposent toutes les civilisations.

Après avoir vu les coryphées de l'Internationale au pouvoir, elle n'aura plus à se demander ce que valent leurs déclarations pacifiques. Le dernier mot de leur système ne peut être que l'effroyable despotisme d'un petit nombre de chefs s'imposant à une multitude courbée sous le joug du communisme, subissant toutes les servitudes, jusqu'à la plus odieuse, celle de la conscience, n'ayant plus ni foyer, ni champ, ni épargne, ni prière, réduite à un immense atelier, conduite par la terreur, et contrainte administrativement à chasser de son cœur Dieu et la famille.

C'est là une situation grave. Elle ne permet pas aux gouvernements l'indifférence et l'inertie. Ils seraient coupables, après les enseignements qui viennent de se produire, d'assister impassibles à la ruine de toutes les règles qui maintiennent la moralité et la prospérité des peuples.

Je vous invite donc, monsieur, à étudier avec l'attention la plus minutieuse tous les faits qui se rattachent au développement de l'Internationale, et à faire de ce sujet le texte d'entretiens sérieux avec les représentants officiels de l'autorité. Je vous demande à cet égard les observations les plus détaillées et la vigilance la plus exacte. La prudence conseille de ne pas se décider à la légère; par là même elle commande de ne négliger aucun moyen de s'éclairer. Les questions sur lesquelles je provoque vos investigations touchent à des problèmes difficiles, et qui depuis longtemps ont agité le monde. Leur solution complète dans l'ordre de la justice supposerait la perfection humaine, qui est un rêve, mais dont une nation peut plus ou moins se rapprocher.

Le devoir des hommes de cœur consiste à ne jamais désespérer ni de leur temps, ni de leur pays, et de travailler, sans se laisser décourager par les déceptions, à faire prévaloir les idées de justice.

Si ce devoir est le nôtre, comme je n'en doute pas, si c'est seulement par son accomplissement sincère et désintéressé que nous pouvons réparer les maux de notre malheureuse patrie, n'est-il pas urgent de rechercher les causes qui ont permis aux erreurs professées par la Société internationale un si rapide et si funeste empire sur les âmes?

Ces causes sont nombreuses et diverses, et ce n'est pas par les châtiments et la compression seulement qu'on les fera disparaître. Introduire dans les lois les sévérités que réclament les nécessités sociales et appliquer ces lois sans faiblesse, c'est une nouveauté à laquelle il faut que la France se résigne. C'est pour elle une affaire de salut. Mais elle serait imprudente et coupable si, en même temps, elle ne travaillait pas énergiquement à relever la moralité publique par une saine et forte éducation, par un régime économique libéral, par un amour éclairé de la justice, par la simplicité, la modération, la liberté.

Sa tâche est immense; elle n'est pas au-dessus de ses forces. Si elle en comprend la grandeur, au lieu de se perdre dans des intrigues personnelles, qu'elle s'inspire du sentiment de sa propre vitalité. Qu'elle entreprenne de réagir par elle-même contre l'adversité. Qu'elle consente enfin à vivre pour elle-même et par elle-même, en prenant toujours pour guides la justice, le droit et la liberté, et, quelque redoutables que soient ses épreuves, elle les surmontera. Elle reprendra son rang dans le monde, non pour menacer, mais pour modérer et pour protéger. Elle redeviendra l'alliée des faibles, elle essayera d'élever la voix contre la violence, et son autorité sera d'autant plus grande pour la combattre qu'elle aura davantage souffert de ses excès.

Je serai heureux, monsieur, de recevoir, en échange de ces réflexions, la communication de celles qui vous seront inspirées soit par vos propres méditations, soit par l'étude des faits, et les renseignements que vous serez à même de me transmettre.

Veuillez agréer, etc., etc.

I

LES MEMBRES DE LA COMMUNE

ET DU COMITÉ CENTRAL

LE TROISIÈME CONSEIL DE GUERRE

LES ACCUSÉS, LES DÉFENSEURS

Le 3e Conseil de guerre est composé de la façon suivante :
Président : M. Merlin, colonel du 1er régiment du génie ;
Commissaire du gouvernement : M. Gaveau, chef de bataillon du 68e de ligne ;
Substitut : M. Senart, capitaine adjudant-major au 94e de ligne ;
Juges : MM. Goulet, chef de bataillon d'état-major ; de Guibert, capitaine au 11e régiment d'artillerie ; Marguet, capitaine au 68e d'infanterie ; Cassaigne, lieutenant au 54e d'infanterie ; Léger, sous-lieutenant au 87e d'infanterie, et Lablat, adjudant sous-officier de la garde républicaine.

M. le capitaine Senart, substitut de M. le commissaire du gouvernement, donne lecture d'un certificat du médecin en chef de la prison, qui constate que l'accusé **Maxime Lisbonne,**

---

1. Tous les détails d'audience que nous donnons sont tirés du journal *le Droit,* auquel on devra se reporter pour avoir un compte rendu fidèle des séances du Conseil de guerre.

ancien directeur de théâtre, artiste dramatique et colonel de la Commune, est très-malade et complétement hors d'état d'assister aux débats.

Conformément aux conclusions de M. le substitut, le Conseil prononce la disjonction de la cause de cet accusé et ordonne la continuation des débats.

M. LE PRÉSIDENT. Premier accusé, levez-vous. Quels sont vos nom, prénoms, votre âge, votre profession et le lieu de votre naissance?

Charles-Gilles Ferré, comptable, âgé de vingt-cinq ans, né à Paris.

C'est d'une voix assurée que cet accusé, comme tous les autres, a répondu à ces questions de forme. Ferré est petit et maigre; ses traits sont fortement dessinés ; sa physionomie et ses mouvements sont très-vifs. Il est vêtu d'un habit noir. Pendant la lecture des pièces de la procédure, il cause, en riant, avec son voisin Assi. Ferré n'ayant pas voulu désigner un défenseur, il lui a été nommé d'office un avocat du barreau de Versailles.

Le second accusé déclare se nommer **Adolphe-Alphonse Assi**, mécanicien, âgé de trente ans, né à Roubaix. Sa figure est régulière et expressive, ses cheveux et sa barbe sont châtain clair, très-bien fournis et naturellement ondulés ; son œil est vif, son regard très-assuré. Seul de tous les accusés, il porte la tunique des gardes nationaux de la Commune. Il a pour défenseur Me Léon BIGOT.

Le troisième accusé déclare se nommer **Raoul Urbain**, chef d'institution primaire, âgé de trente-trois ans. Il est petit et brun ; l'expression de sa physionomie semble indiquer une intelligence calme. Il est vêtu d'un habit noir. Son défenseur est Me André ROUSSELLE.

Le quatrième : **Alfred-Édouard Billioray**, artiste peintre, âgé de trente ans, né à Paris. Il est grand et blond, et paraît beaucoup plus jeune que son âge. Il est vêtu d'une redingote noire. Son défenseur est Me BOYER.

Le cinquième: **François Jourde**, étudiant en médecine, âgé de vingt-huit ans, né à Chassagne (Puy-de-Dôme). Cet accusé, grand, mince et d'un blond un peu ardent, offre une physionomie très-remarquable d'originalité artistique. Il paraît triste, ou plutôt malade et fatigué, et tous ses mouvements ont une certaine lenteur. Habit noir, gilet noir, tenue parfaite.

Il sera défendu par M⁰ Deschars, assisté de M⁰ Caraby.

Le sixième: **Alexis-Louis Trinquet**, cordonnier, âgé de trente-cinq ans, né à Valenciennes. Visage large et court, profil un peu saillant, petites moustaches blondes en brosses; il paraît petit et large d'épaules. Il est vêtu d'une redingote brune.

Défenseur : M⁰ Denis, du barreau de Versailles.

Le septième: **Louis-Henri Champy**, ouvrier orfévre, âgé de vingt-cinq ans, né à Clamart (Seine). Visage jeune et régulier, teint mat, chevelure, barbe et moustache noires. Vêtu d'une redingote noire. Il écoute immobile et les bras croisés la lecture des pièces de la procédure.

Il a pour défenseur M⁰ Lachaud fils.

Le huitième : **Dominique-Théophile Régère**, vétérinaire, âgé de cinquante-cinq ans, né à Bordeaux. Physionomie très-ouverte et très-gaie, cheveux grisonnants. Pendant la lecture des pièces, il lit un journal qui paraît l'amuser beaucoup.

M⁰ Dupont de Bussac est son défenseur.

Le neuvième: **Lisbonne**, est malade. On sait que cet accusé, ancien colonel des fédérés, a reçu une balle dans la cuisse le 25 mai. La cause, comme nous l'avons dit plus haut, est disjointe à son égard.

Le dixième: **Charles Lullier**, ancien officier de marine, âgé de trente-trois ans, est né à Mirecourt (Vosges). Cet accusé, bien connu déjà, est très-blond; son visage est plein, peut-être un peu bouffi; son teint est pâle, son regard est froid, ses mouvements ont une lenteur quelque peu affectée.

Défenseur : un avocat d'office du barreau de Versailles.

2

Le onzième : **Paul-Émile-Barthélemy-Philémon Rastoul**, docteur en médecine, âgé de trente-six ans, né dans l'arrondissement de Béziers. Visage et tenue fort distingués, parole facile.

Il sera défendu par Me Renaud.

Le douzième : **Paschal Grousset**, homme de lettres, âgé de vingt-six ans, né en Corse. Physionomie jeune, très-vive et très-énergique ; chevelure et barbe noires. Il paraît malade.

Il a pour défenseur un avocat d'office du barreau de Versailles.

Le treizième : **Augustin Joseph Verdure**, caissier, âgé de quarante-six ans, né dans le département du Pas-de-Calais. Défenseurs : Me Hubert Vallereau et Me Manchon.

Le quatorzième : **Ferrat**, homme de lettres, né à Bastia, âgé de vingt-six ans.

Défenseur : Me Laviolette.

Le quinzième : **Baptiste Descamps**, mouleur, âgé de trente-sept ans, né à Figeac (Lot-et-Garonne).

Défenseur : Me Thiron.

Le seizième : **Joseph-Victor Clément**, teinturier, âgé de quarante-sept ans, né dans le département du Jura.

Défenseurs : Me Gatineau et Me Delzant.

Le dix-septième : **Gustave Courbet**, peintre, âgé de cinquante-deux ans. Son défenseur est Me Lachaud.

Le dix-huitième : **Ulysse Parent**, dessinateur, âgé de quarante-trois ans, né à Paris.

Défenseur : Me Albert Joly.

RAPPORT GÉNÉRAL

LU PAR LE COMMANDANT GAVEAU A L'AUDIENCE
DU 7 AOUT 1871

Les accusés appelés à comparaître aujourd'hui devant vous ont pris une part prépondérante au mouvement insurrectionnel qui éclata dans Paris le 18 mars dernier, et qui, se prolongeant jusqu'au 28 mai, menaça de livrer la France entière aux horreurs de la guerre civile. Avant de déterminer la responsabilité qui incombe à chacun d'eux dans le crime dont la capitale a été le théâtre pendant ces jours néfastes, il importe de remonter à l'origine du mouvement, d'en rechercher les causes et d'en étudier les transformations successives.

Lorsqu'au mois de septembre 1870, l'armée prussienne investit Paris, elle y enferma, avec une population dévouée à la défense de l'ordre et du pays, des forces disciplinées de longue main pour le désordre.

Ces forces se recrutaient à la fois dans les rangs du parti révolutionnaire et parmi tous les membres de l'Association internationale des travailleurs.

Obéissant surtout à des préoccupations politiques, résolu à usurper les pouvoirs par tous les moyens et à les conserver à l'aide de toutes les violences, le parti révolutionnaire affichait hautement, depuis assez longtemps déjà, ses aspirations démagogiques. Son origine, de même que son but, le rattachait aux plus mauvais souvenirs de notre histoire. Il s'en glorifiait ouvertement. On l'avait vu d'abord, dans une série de publications qui affectaient à dessein une forme scientifique, réhabiliter les hommes de 1793, exalter leurs actes les plus odieux, et se proposer à lui-même leurs procédés de gouvernement comme le programme politique de l'avenir.

Plus tard, dans la presse, dans les réunions publiques, dans les assemblées électorales, dans les agitations de la rue, partout enfin, on l'avait retrouvé, fidèle à son œuvre, excitant au sein des masses populaires les plus détestables passions, prêchant les doctrines les plus subversives, attaquant audacieusement les bases de l'ordre moral aussi bien que les fondements éternels de l'ordre social. Les événements du 4 septembre n'avaient pu donner satisfaction à ce parti. Écarté du pouvoir, il demeurait, le lendemain comme la veille, l'ennemi déclaré du gouvernement.

L'Association internationale des travailleurs, constituée à Londres vers la fin de 1864, avait eu à Paris, dès le commencement de 1865, un centre des plus actifs. Pour qui voulait s'en tenir aux apparences, elle n'avait d'autre but que l'amélioration du sort des classes ouvrières, et le résultat économique qu'elle poursuivait était digne de toutes les sympathies.

Elle constituait, en réalité, par son organisation puissante et par ses aspirations mal déguisées, un danger des plus graves pour l'ordre social tout entier. Très-rapidement répandue en Europe, ayant particulièrement en France des centres d'action chaque jour plus nombreux, elle eut bientôt ses organes de publicité, ses congrès, ses manifestes.

Elle se rallia en même temps, par voie d'affiliation, les associations ouvrières de secours ou de prévoyance,

intervint activement dans les grèves, les provoquant
le plus souvent. En dernier lieu, elle mit ouvertement
le pied sur le domaine politique, et des poursuites
judiciaires, dirigées en 1868 et en 1870 contre les
principaux meneurs de Paris, ne laissèrent plus de
doutes possibles sur ses véritables tendances.

Nous voulons, disait l'un de ses journaux les plus accrédités,
la liberté de tous et l'égalité de tous, c'est-à-dire la révolution
sociale. Et par révolution sociale nous n'entendons pas une
misérable surprise tentée à la faveur des ténèbres : la révolution signifie la destruction complète des institutions bour-
geoises, et leur remplacement par d'autres.

C'est une nuit du 4 août 1789 que nous voulons.

Les radicaux, les partis politiques même les plus avancés,
veulent simplement replâtrer l'édifice social, en lui conservant
ses bases actuelles. Nous voulons, nous, à l'exemple de la
Constituante de 1789 abolissant le régime féodal, faire table
rase et tout reconstruire à neuf. Voilà dans quel sens nous
sommes révolutionnaires.

(*Progrès du Locle*, 29 janvier 1870.)

Faire table rase et tout reconstruire à neuf, c'est,
pour les adeptes de l'Association internationale, constituer un état social qui ne reconnaisse ni gouvernement, ni armée, ni religion; qui décrète la législation du peuple par le peuple, l'entrée du sol à la
propriété collective, l'abolition du droit d'hérédité
individuelle pour les capitaux et les instruments de
travail, l'abolition du mariage en tant qu'institution
politique, religieuse, juridique et civile; qui supprime
enfin les armées permanentes et, abaissant toutes les
frontières, effaçant jusqu'à l'idée de patrie, rallie les
travailleurs du monde entier dans les liens d'une
étroite solidarité.

Pour à présent, disait, le 27 mars, *l'International,* organe officiel des sections belges, le rôle de l'Association consiste seulement à organiser les ouvriers par corporations, par localités, puis à les fédérer de région à région, de nation à nation, et à réunir en un seul faisceau tous ces groupes corporatifs et locaux.

Au point de vue restreint et le plus immédiat, elle arrive ainsi à les soutenir les uns par les autres en cas de grève : sociétés de résistance anglaises ; en France, sociétés de prévoyance, chambres syndicales, sociétés de crédit mutuel.

Au point de vue général, ses moyens d'action sont les mêmes. Elle a déjà rassemblé sous son égide, en Europe et en Amérique, plusieurs millions d'ouvriers, et il est facile de comprendre que, quand nous serons tous organisés, quand nous nous tendrons tous la main d'un bout du monde à l'autre, nous n'aurons qu'à nous lever pour conquérir nos droits, et l'édifice bariolé de la tyrannie croulera.

... Nous ne sommes pas des socialistes à système, nous sommes purement et simplement des révolutionnaires... Les droits du travailleur, voilà notre principe ; l'organisation des travailleurs, voilà notre moyen d'action ; la révolution sociale, voilà notre but. »

Malgré leur dissidence radicale, le parti révolutionnaire et l'Association internationale firent promptement alliance. On les trouve déjà réunis au premier congrès de l'Association internationale, qui se tint à Genève en septembre 1866.

Dès la première époque, et dans les années suivantes, *le Courrier français, le Réveil, la Marseillaise,* ouvrent leurs colonnes aux publications de la Société, qui n'a pas d'organe officiel à Paris. On les rencontre plus tard semant de concert l'agitation dans les réunions publiques, et fomentant d'un commun accord les troubles de la rue.

Ce n'est pas tout. Le 26 octobre 1868, dans un meeting organisé à Londres par ses soins, la branche française de l'Internationale déclare hautement :

Qu'elle est une société républicaine, démocratique, sociale et universelle, partageant les principes, le but et les moyens de la Commune révolutionnaire de Paris dans ses manifestes.

(*La Voix de l'avenir*, 8 novembre 1868.)

Les événements du 4 septembre ne donnèrent pas plus satisfaction aux aspirations de la Société qu'à celles du parti révolutionnaire. Les deux alliés demeurèrent unis dans l'attente d'une occasion propice, poursuivant leurs menées au grand jour, et concertant ouvertement leurs actions.

La présence de l'ennemi sous les murs de Paris, loin de décourager leurs efforts, devint un nouvel aliment à leurs tentatives anarchiques. Non contents de demander chaque jour, dans les journaux et dans les clubs, la Commune et la sortie en masse ; non contents de crier à la trahison au moindre échec de nos troupes, deux fois, le 31 octobre et le 22 janvier, ils ne craignaient pas de lancer sur l'Hôtel de ville leurs masses armées.

Par bonheur, la concentration d'une force militaire considérable, l'attitude de la garde nationale, la réprobation générale contre des actes qui compromettaient si gravement la défense, empêchèrent qu'ils n'obtinssent le succès.

Ils n'en profitèrent pas moins des circonstances pour compléter leur organisation. L'armement général de la garde nationale, sa distribution par quartiers, ses réunions pour les différents services, les liens naturels qu'établissaient entre les citoyens d'un même

bataillon des souffrances communes, le mécontente-
ment que suscitaient à certains moments les lenteurs
nécessaires à la défense, les calomnies même que ces
lenteurs faisaient éclore, tout leur fut bon pour étendre
leur action et s'assurer des tolérances et des com-
plicités.

On put bientôt désigner à l'avance, sans crainte
d'erreur, les bataillons qui, le jour venu, marcheraient
avec eux. On les reconnaissait à leurs chefs, révolutionnaires ardents ou internationaux dévoués. On les reconnaissait par leurs soldats, qui tous marchaient pour
l'Association internationale au lieu de marcher pour
la patrie. Dans certains autres bataillons, l'influence
anarchiste se faisait encore sentir par des idées de
fédération aussi injustes qu'illusoires. Le peuple,
disait-on, devait veiller lui-même à ses intérêts. Dépositaire de ses droits, il devait les défendre à tout
prix ; nul n'en pouvait disposer contre son gré.

Telle était la situation profondément troublée des
esprits quand, le 28 janvier, la nouvelle de l'armistice
se répandit dans Paris. Elle y causa une profonde
stupeur. A la déception des uns se joignent les irrita-
tions des autres, la défiance d'un grand nombre, et
surtout, pour les masses ouvrières, la crainte de voir
cesser prochainement une existence oisive avec la sub-
vention qui l'alimentait.

En même temps, les obstacles que la faction anar-
chique avait touvés sur ses pas pendant la durée du
siége tombaient un à un. La stipulation de l'armistice
avait paralysé presque complètement les forces régulières qui restaient dans la ville, tandis que la garde
nationale n'avait subi aucun désarmement.

L'autorité militaire n'avait à ses ordres que des
troupes insuffisantes ; l'autorité civile n'existait plus

que de nom. Un grand nombre de citoyens s'étaient empressés de quitter Paris, moins soucieux de leurs devoirs publics que de leurs convenances personnelles.

Un gouvernement sorti des entrailles du pays, le plus légitime qu'on pût souhaiter, s'établissait à Bordeaux et ouvrait les négociations qui devaient aboutir aux préliminaires de paix. C'était la première fois depuis des siècles que la capitale voyait le pouvoir se constituer en dehors de ses murs. Enfin la question d'intérêts commerciaux, toujours si grave à Paris, se dressait grosse d'orages sous la menace des échéances, et se compliquait, pour le petit commerce surtout, de la question des loyers.

Nul doute que dès la première heure la faction anarchiste ne se soit emparée de cette situation pour l'exploiter à son profit. Le 15 février, après plusieurs réunions préliminaires, une assemblée de délégués de la garde nationale s'ouvre au Tivoli-Wauxhall et nomme une commission chargée d'élaborer les statuts provisoires d'un comité central. La commission remplit son mandat. Un seul paragraphe du projet qu'elle arrête suffit à dénoncer la main qui la conduit.

Les droits de tout citoyen, dit ce paragraphe, sont d'être électeur et d'avoir l'arme nécessaire à l'accomplissement de ses devoirs. La garde nationale doit désormais remplacer les armées permanentes, qui ne furent jamais que des instruments de despotisme, et qui amènent fatalement avec elles la ruine du pays.

Les statuts sont votés, le 24 février, dans une nouvelle assemblée des délégués, et le Comité central est constitué.

Avant de se séparer, l'assemblée adopte les résolutions suivantes, qui n'ont pas besoin de commentaires :

1º La garde nationale proteste, par l'organe de son Comité central, contre toute tentative de désarmement, et déclare qu'elle y résistera au besoin par les armes.

2º Les délégués soumettront à leurs cercles respectifs de compagnie la résolution suivante : Au premier signal de l'entrée des Prussiens à Paris, tous les gardes nationaux s'engagent à se rendre immédiatement, en armes, à leur lieu ordinaire de réunion, pour se porter ensuite contre l'ennemi envahisseur.

3º Dans la situation actuelle, la garde nationale ne reconnaît pas d'autres chefs que ceux qu'elle se donne.

Ces décisions ne trouvaient dans les événements qui venaient de se produire aucune raison plausible.

Leur but caché ne tarda pas à apparaître dans sa redoutable réalité. Le 27 février, sous prétexte d'enlever aux Prussiens un nombre considérable de canons laissés dans la zone que l'ennemi devait occuper pendant son séjour à Paris, les meneurs s'en emparent et les conduisent sur les hauteurs de Montmartre, où ils les établissent en batterie. Puis, le 28, le Comité central invite la garde nationale à ne pas s'opposer à l'entrée des Prussiens. A la même époque, il se tient en permanence pendant les deux nuits qui précèdent l'entrée des soldats étrangers.

Enfin, le 4 mars, dans une proclamation répandue à profusion, il annonce qu'il a « pour mission de constituer la fédération républicaine de la garde nationale ».

Trois jours plus tard, on pouvait lire dans le Cri du Peuple :

Nous apprenons avec une véritable joie patriotique que tous les comités de la garde nationale républicaine fusionnent ensemble et doivent associer leurs efforts à ceux de la Fédération socialiste qui siége rue de la Corderie.

La Fédération socialiste qui siégeait rue de la Corderie n'était autre que l'Association internationale. Le faisceau est désormais formé; l'émeute a de l'artillerie et des armes; elle se retranche sur les hauteurs de Montmartre, et de là menace la ville. Elle garde ses canons, protestant qu'ils sont sa propriété et que l'État n'en saurait disposer.

Le 8 mars, le Comité central se réunit au Wauxhall et adopte d'une manière définitive les statuts, qui n'étaient encore que provisoires.

Le 11, une assemblée de chefs de bataillon, tenue à la salle de la Redoute, vote la résolution suivante :

Le principe républicain étant au-dessus de toute discussion, le gouvernement républicain étant le gouvernement du peuple par le peuple, chaque citoyen a non-seulement le droit, mais encore le devoir, de défendre les institutions républicaines.

En conséquence, les chefs de bataillon soussignés déclarent qu'ils sont fermement décidés à défendre la République par tous les moyens possibles, envers et contre tous ceux qui oseraient l'attaquer, et qu'ils protestent et s'opposeront par les mêmes moyens à toute tentative de désarmement total ou partiel de la garde nationale.

A mesure que le temps marche et que le but se rapproche, les menées insurrectionnelles deviennent plus audacieuses, et les idées qui leur servent de prétexte s'accusent plus ouvertement.

Le 15 mars, la Fédération républicaine de la garde

nationale tient sa quatrième assemblée générale. Le Comité central y rend compte de ses actes, et les accusés Jourde, Ferrat, Arnould, Lisbonne, Assi et Billioray sont amenés dans son sein par des illusions qu'ils prétendent sincères. Il concentre tous les pouvoirs entre ses mains. Son autorité va jusqu'à balancer les ordres donnés par l'état-major de la place. C'est à lui, et à lui seul, qu'obéit en réalité la majeure partie de la garde nationale.

Une crise est imminente. Tout le fait présager. On voit accourir des aventuriers de toutes les nationalités, aux costumes bizarres, aux allures suspectes, recrues stipendiées de toutes les révolutions, messagers sinistres de tous les bouleversements. Des émissaires sont envoyés aux principales villes de la province pour y fomenter des troubles au moment même où Paris engagera la lutte.

On arrive ainsi au 18 mars. Cependant le gouvernement légal du pays n'est pas resté inactif devant les dangers dont l'ordre social est menacé. L'Assemblée nationale, après avoir ratifié les préliminaires de paix, a transféré son siége à Versailles. Le pouvoir exécutif l'y a suivie ; il est chaque jour à Paris, luttant énergiquement contre les difficultés de la situation, s'efforçant de déjouer toutes les manœuvres, de dissiper tous les malentendus et de relever tous les courages. Vainement fait-il appel aux idées de conciliation et d'apaisement en face du malheur de la patrie : le 17 mars, il doit, à peine d'abdiquer, se résoudre à des mesures décisives.

Le 18, dès le matin, toutes les positions où la faction anarchiste avait retranché ses canons étaient enlevées par les troupes avec une vigueur et un entrain remarquables.

Mais, ce premier succès remporté, il fallait traverser Paris avec deux cent cinquante attelages conduisant chacun une pièce d'artillerie. De là un encombrement et des lenteurs qui donnaient aux bataillons de Montmartre et de Belleville le temps d'accourir en armes.

Une foule énorme, où les femmes et les enfants se mêlaient en grand nombre, entourait les soldats, jetait la confusion dans leurs rangs, désarmait les uns, entraînait les autres à une honteuse défection, et rentrait en possession des canons, qu'elle replaçait sous la surveillance de la garde nationale.

Néanmoins la majeure partie des troupes se repliait en bon ordre sur la rive gauche de la Seine, où le gouvernement siégeait encore au ministère des affaires étrangères.

A travers cette mêlée, le général Lecomte, séparé de ses hommes, était fait prisonnier. Un peu après, le général Clément Thomas, venu, en habits civils, à la recherche de l'un de ses aides de camp, était saisi. Tous deux étaient conduits dans une maison de la rue des Rosiers, où le Comité central avait son siége, et fusillés dans un jardin attenant à cette maison. Six heures s'écoulèrent entre le moment de leur arrestation et celui de leur exécution Quel est le rôle du Comité central dans cet épouvantable forfait ? Il a essayé de se disculper dans une note insérée au *Journal officiel* de la Commune du 20 mars. Le texte seul de cette note l'accuse aussi hautement que le ferait un aveu.

Tous les journaux réactionnaires ont publié un récit plus ou moins dramatique sur ce qu'on appelle l'assassinat des généraux Lecomte et Clément Thomas. Sans doute ces faits sont regrettables ; mais il importe, pour être impartial, de constater deux faits ·

1° Que le général Lecomte avait commandé à quatre reprises, sur la place Pigalle, de charger une foule inoffensive de femmes et d'enfants;

2° Que le général Thomas a été arrêté au moment où il levait, en habits civils, un plan des barricades de Montmartre.

Ces deux hommes ont donc subi les lois de la guerre, qui n'admet ni l'assassinat des femmes ni l'espionnage.

On nous raconte que l'exécution du général Lecomte a été opérée par des soldats de la ligne et celle de Thomas par des gardes nationaux.

Il est faux que ces exécutions aient eu lieu sous les yeux et par les ordres du Comité central. Le Comité central siégeait avant-hier rue Onfroy, près de la Bastille, et il a appris en même temps l'arrestation et la mort des deux victimes de la justice populaire. Ajoutons qu'il a ordonné une enquête immédiate.

Un pareil crime, suivi d'une pareille apologie, n'inaugurait-il pas bien dignement le règne de cette puissance qui devait finir dans le sang des otages et au milieu des flammes de Paris incendié ? Dès le 18 au soir et dans la nuit, l'émeute occupait la place Vendôme, le Château-d'Eau, les ministères et l'Hôtel de ville.

Soucieux, avant tout, d'éviter un désastre sans retour, le gouvernement se repliait sur Versailles, protégé par les troupes et appelant à lui les fonctionnaires de tous ordres. Pendant six heures il avait attendu que la garde nationale, répondant à son appel, vînt se grouper autour de lui. Les citoyens demeurèrent pour la plupart spectateurs stupéfaits et inactifs des événements, qui menaçaient pourtant d'une manière si grave leurs intérêts les plus chers. Soit aveuglement, soit insouciance, soit chez certains un sentiment moins avouable encore, ils devaient bientôt se repentir, trop tard, hélas ! de leur regrettable abstention.

Dès le 20 mars, en effet, et sur les premiers actes du Comité central, qui déjà ouvrait les prisons et prenait des otages, un centre de résistance s'organisa. La presse lui donna courageusement son appui. Les maires et les délégués s'entretinrent dans des vœux de conciliation. Un nouveau crime rompit, le 22, toutes les négociations : une manifestation sans armes, qui se présentait à la place Vendôme, à l'état-major de la garde nationale, pour revendiquer les droits de l'Assemblée élue par le pays, fut accueillie par une décharge meurtrière.

Nombre de victimes tombèrent sous les balles de l'émeute, et le Comité central, pour expliquer ce nouveau forfait comme il avait expliqué le premier, ne craignit pas de l'attribuer à une provocation partie des rangs de la manifestation.

Devant de tels actes, toute résistance parut inutile. L'amiral Saisset, placé par le gouvernement à la tête de la garde nationale, dans le but de donner aux hommes d'ordre un point de ralliement et un chef éprouvé, résigna son commandement, et les événements suivirent leur cours.

Le Comité central, suivant sa pompeuse déclaration, n'était que le dépositaire des droits du peuple ; il ne s'en était saisi que pour les sauvegarder. Le peuple fut appelé à nommer directement ses mandataires. Les élections du conseil communal eurent lieu le 26 mars, et le 28 la Commune révolutionnaire de Paris était installée solennellement à l'Hôtel de ville. En apparence, le Comité central, composé de membres de l'Association internationale, abdiqua devant l'élection. En réalité, il demeura le véritable directeur du mouvement.

Il serait oiseux de reprendre en détail les actes du pouvoir insurrectionnel qui, pendant deux mois, pesa sur Paris par la terreur. A qui veut les embrasser dans une vue générale, ils n'offrent qu'incohérence et contradiction. Aucun système ne préside à leur conception. L'intérêt ou la passion du moment semblent seuls les déterminer. Un caractère commun les domine cependant, le mépris audacieux de tous les droits que la Commune s'était donné la mission de protéger, et en même temps l'imitation servile des procédés gouvernementaux de 1793.

Le plagiat du comité de salut public après le plagiat de la Commune, la loi des suspects, la constitution d'un tribunal révolutionnaire, la mise en accusation des chefs militaires que la fortune a trahis, tout, en un mot, en attendant les massacres de septembre dans l'assassinat des otages.

Cependant le gouvernement légal de la France s'était constitué à Versailles, et il concentrait, au prix de mille efforts, les forces nécessaires au rétablissement de l'ordre dans Paris.

Sur divers points du territoire des mouvements insurrectionnels s'étaient produits, à Lyon, à Marseille, à Limoges, à Saint-Étienne, ailleurs encore, et furent énergiquement réprimés. Paris était désormais isolé dans sa rébellion.

Le 2 avril, les opérations militaires s'engageaient; elles se continuaient sans interruption jusqu'au 28 mai. Elles ne furent pour la Commune qu'une suite de revers et qu'un prétexte à de nouveaux crimes. Dès le premier jour, au moment où la lutte allait s'engager, le médecin en chef de l'armée, revêtu de ses insignes, s'avance entre les combattants pour faire un appel suprême à une conciliation : il est lâchement assassiné par les troupes de l'insurrection. Puis, comme si elle voulait se venger de ses défaites sur les membres du gouvernement, la Commune les met en accusation et séquestre leurs biens ; elle ordonne que la maison de M. Thiers sera démolie; enfin, envieuse de toutes les gloires, sans respect pour les grands souvenirs du pays, sous les yeux mêmes de l'étranger vainqueur, elle décrète que la colonne Vendôme sera détruite !

Ce n'est pas assez. Elle a recours au système impie des otages ; elle prend ses victimes dans les rangs les plus élevés de la magistrature et du clergé. L'archevêque de Paris, le curé de la Madeleine, d'autres ecclésiastiques, des religieux, vont rejoindre à la Conciergerie le président Bonjean, arrêté vers les derniers jours de mars.

Faut-il mentionner, à côté de ces faits qui dominent tous les autres, la violation journalière du domicile privé, les vols de toute sorte qui s'abritent sous le voile de perquisitions arbitraires, les arrestations illégales, le pillage organisé, la poursuite barbare des réfractaires.

Dès le commencement d'avril, les biens du clergé avaient été frappés de confiscation. Ce fut dès lors, à travers les couvents et les églises de la capitale, une suite non interrompue d'inquisitions odieuses et de spoliations sacriléges.

On envahit, le 4 avril, l'établissement scolaire des jésuites de la rue Lhomond, la maison des missionnaires du Saint-Esprit, celle des pères dominicains de la rue Jean-de-Beauvais. Les religieux sont violentés, les meubles brisés et les caves entièrement dépouillées.

Deux jours après, l'église Saint-Sulpice est occupée militairement; le séminaire est envahi et le supérieur arrêté.

On visite successivement l'établissement des capucins et celui des petites-sœurs des pauvres.

Le 10 avril, le clergé de Montmartre est arrêté, les portes de l'église sont fermées, et l'on appose l'affiche suivante :

Attendu que les prêtres sont des bandits, et que les églises sont des repaires où ils ont assassiné moralement les masses en courbant la France sous la griffe infâme des Bonaparte, Favre et Trochu, le délégué civil des Carrières près l'ex-préfecture de police ordonne que l'église de Saint-Pierre-Montmartre soit fermée, et décrète l'arrestation des prêtres et ignorantins.

LE MOUSSU.

Le 16 avril, l'église Saint-Jacques-du-Haut-Pas, le couvent des Oiseaux, l'église Saint-Vincent-de-Paul, sont saccagés, et bientôt les clubs s'installent dans le lieu saint. On découvre au couvent de Picpus des instruments d'orthopédie qu'une feuille mal famée ne craint pas de présenter comme engins de torture. On y trouve aussi des ossements qui passent aux yeux d'une foule égarée pour appartenir aux victimes d'un fanatisme aveugle. On exploite de même, avec une mauvaise foi aussi redoutable que grossière, la découverte de squelettes déjà anciens dans l'église Saint-Laurent.

L'église Notre-Dame-des-Victoires est profanée à son tour, et l'on fait grand scandale d'une tête de jeune fille en état de parfaite conservation, connue de tous les fidèles pour une tête en cire représentant sainte Valérie.

Nous arrivons au mois de mai. L'armée de Versailles resserre chaque jour son cercle d'investissement, et chaque jour aussi marque une nouvelle défaite pour les insurgés. Les instants de la Commune sont désormais comptés. On le présagerait à voir seulement les orages qui s'élèvent dans son sein et les mesures suprêmes qu'elle se hâte de prendre.

L'hôtel de M. Thiers est entièrement démoli le 15 mai, après avoir été depuis longtemps dépouillé. La colonne Vendôme tombe le 16. Le 17, une explosion formidable se produit à la cartoucherie de l'avenue Rapp. Il faut allumer la haine violente de l'ennemi au cœur des fédérés, que leurs revers journaliers découragent visiblement. La Commune ne craint pas d'imputer au gouvernement de Versailles un crime qui, tout porte à le croire, a été l'œuvre de ses agents ; elle arrête de prétendus coupables, qui ne devront, quelques jours après, leur salut et leur liberté qu'à l'entrée des troupes régulières.

Le 21 mai, grâce aux coups d'une formidable artillerie, la porte de Saint-Cloud est forcée, et l'armée arrive comme d'un bond sur les hauteurs du Trocadéro.

Son attaque inattendue est le signal des dernières horreurs qui devaient couronner le règne honteux de la Commune.

Le 23, à dix heures du soir, Rigault se rend à Sainte-Pélagie, où plusieurs otages sont détenus, entre autres M. Chaudey, avocat à la Cour d'appel de Paris. Deux individus l'accompagnent, armés, comme lui, jusqu'aux dents.

Il mande Chaudey au greffe et lui notifie brutalement son arrêt de mort, qui va être exécuté sur l'heure.

Le prisonnier récrimine faiblement. Rigault lui reproche avec violence d'avoir fait tirer sur le peuple dans la journée du 22 janvier. Des gardes nationaux arrivent d'un poste voisin pour former le peloton d'exécution, tandis que Rigault en présence de sa victime, dicte à son secrétaire un procès-verbal qu'un témoin oculaire a pu relater presque mot pour mot.

« Savez-vous bien ce que vous allez faire ? » dit alors Chaudey, et comme il ne reçoit pour réponse que des railleries, il sort en ajoutant : « Eh bien, Raoul Rigault, vous allez voir comment meurt un républicain ! »

Arrivé dans le chemin de ronde, le procureur de la Commune tire son épée et commande le feu. Chaudey n'est atteint qu'au bras. Il tombe en criant : « Vive la République ! »

Deux hommes s'approchent et l'achèvent. On fusille ensuite trois gardes républicains, toujours sur l'ordre de Rigault, qui se retire en disant :

« Il y a longtemps qu'on aurait dû faire cela. »

La nuit suivante, le couvent des dominicains d'Arcueil est envahi par des fédérés ivres de fureur, et les religieux, poussés au dehors, sont assassinés sur la voie publique. Enfin, la prison de la Roquette est le théâtre, dans les journées du 24 et du 25, d'un massacre où tombent à la fois des victimes illustres et d'humbles soldats du devoir, confondus dans un martyre à jamais déplorable.

Il faut laisser parler ici un témoin oculaire de ces scènes sanglantes.

L'abbé de Marsy, vicaire de la paroisse de Saint-Vincent-de-Paul, avait été incarcéré à Mazas, et de là conduit à la Roquette, où Mgr Darboy, M. Bonjean, l'abbé Deguerry, d'autres encore, l'avaient précédé. Placé dans une cellule voisine de celle qu'occupait

M. Bonjean, il s'entretenait avec lui, lorsqu'une voix brutale et impérieuse se fit entendre :

« Monsieur Bonjean, sortez, descendez comme vous êtes. » Il comprit, continue le témoin, et son regard, sans pour cela perdre sa calme sérénité, me fit comprendre le sens sinistre de cet appel. J'entendis aussi le nom des autres victimes, et je remarquai même que monseigneur fut appelé « monsieur Darboy ». La main de M. Bonjean s'étendit vers moi, et pendant que nous échangions la longue étreinte du suprême adieu, il me donna d'une voix ferme ses dernières recommandations à transmettre à sa famille, puis il rejoignit les bourreaux impatients, et je l'entendis s'éloigner avec les autres.

« Je restai debout près de la fenêtre, et au bout de quelque temps j'aperçus le groupe des martyrs descendant le chemin de ronde intérieur et marchant vers moi. Ils suivaient le milieu du chemin, et les satellites étaient répandus sans ordre des deux côtés ; monseigneur marchait le premier... La grille qui ferme le bout du chemin de ronde, et qui se trouve presque sous la fenêtre où j'étais, avait été ouverte ; monseigneur, appuyant sa main sur cette grille, s'arrêta pour parler et prononça quelques mots que, malgré tous mes efforts, le tumulte m'empêcha de saisir. Une voix farouche couvrait la sienne.

« Allons, allons, s'écria le misérable, ce n'est plus le mo-« ment des discours, les tyrans n'y mettent pas tant de ména-« gements. » Monseigneur franchit la grille le premier, les autres suivirent, fermes, calmes et doux envers la mort comme envers les meurtriers.

« Le père Ducoudray ouvrit le devant de sa soutane et me désigna sa poitrine et la place du cœur. Je les vis tous détourner vers le chemin de ronde extérieur, et je demeurai abîmé dans les sentiments d'un prêtre qui vient de voir pour la dernière fois son évêque, et son évêque marchant au martyre. Une ou deux minutes après, un feu de peloton à volonté retentit. »

Ces faits se passaient le 24 mai dans la soirée. Le lendemain, quinze nouvelles victimes sont sacrifiées. Parmi elles se trouve le père de Bengy, de la Compagnie de Jésus.

Un gardien qui fait l'appel des condamnés ne peut lire son nom. Le religieux s'approche, jette un coup d'œil sur la liste et dit simplement : « C'est moi ! » et il suit les bourreaux au lieu du supplice.

« Point de plaintes, ajoute le témoin, point de réclamation, point de pleurs, point de recommandations, d'embrassement ni de bénédiction, mais la simplicité, le calme, le silence, qui imprimèrent à cette scène le caractère le plus auguste et le plus solennel. »

Ce n'était point assez de tels massacres. Contraints d'abandonner Paris à l'armée, dont la marche sûre et rapide l'atteindrait bientôt dans ses derniers refuges, la Commune avait résolu de ne laisser à ses vainqueurs que des ruines.

Inspiration d'une haine infernale, et en même temps moyen de résistance puissant, l'incendie devait éclater sur tous les points, à mesure que l'insurrection serait réduite à reculer.

Nul doute qu'un plan d'ensemble n'ait été conçu dans ce sens. Les dispositions avaient été prises pour son exécution. L'arrivée empressée des troupes a sauvé Paris d'un embrasement général. Les trois pièces suivantes apportent sur ce point des témoignages irrécusables.

La première est signée de Ferré :

Citoyen Luçay,

Faites de suite flamber Finances et venez nous retrouver.

TH. FERRÉ.

4 prairial, an 79.

Le lieutenant-colonel Parent, commandant de l'Hôtel de ville, donne un ordre analogue :

Incendiez le quartier de la Bourse ; ne craignez pas.

Le lieutenant-colonel,

PARENT.

Une autre pièce, saisie au cours de l'information, est ainsi conçue :

Citoyens, établissez votre ligne de démarcation entre vous et les Versaillais. Brûlez, incendiez tout ce qui est contre vous. Pas de trêve ni de découragement. Le onzième arrondissement se lancera à votre secours sitôt que vous serez menacés. Courage, et, si vous agissez, la République est sauvée avant quarante-huit heures.

Pour le comité de la 11e légion,

DAVID.

Un dernier document, écrit au crayon et trouvé dans les papiers d'un nommé François, porte textuellement :

Partis de la préfecture avec Ferré, membre de la Commune, après y avoir mis le feu, nous nous replions à la mairie du XIe arrondissement.

S'il était nécessaire d'insister encore sur le plan préconçu qui a dirigé la main des incendiaires, qui ne se souviendrait des réquisitions de pétrole faites par la Commune chez tous les négociants, et des menaces que les journaux ne craignaient pas de formuler à cette occasion? Qui ne se souviendrait aussi des incendiaires embrigadés promenant le pétrole et les torches enflammées des monuments publics aux habitations privées?

Deux cent trente-huit édifices ou maisons particulières ont été atteints par le feu. Les ruines sont là, plus éloquentes que toutes les paroles, et en les contemplant on ne peut que frémir à la pensée de l'immense désastre dont Paris tout entier a été préservé.

Tel est, messieurs, dans un exposé rapide, la succession des faits dont l'examen est aujourd'hui soumis à votre justice. Combien d'enseignements s'en dégagent! Avec quelle douloureuse puissance ne rappellent-ils pas à chacun des devoirs trop facilement oubliés ou trop légèrement accomplis!

Le péril qu'ils ont révélé, loin de disparaître à mesure que leur souvenir s'affaiblira, ne peut que grandir avec le temps.

Comment conjurer de nouvelles catastrophes?

Que chaque citoyen s'interroge et, de toute son énergie, fasse tête lui-même au danger.

Les pouvoirs publics veillent dans la sphère de leur action. La justice apportera son concours à cette œuvre de défense sociale avec la fermeté inébranlable que commandent de si graves conjonctures.

Après cette lecture, M. le greffier Barcq donne lecture des dix-huit rapports concernant chacun des accusés.

Voici le texte de ces rapports.

Rapport sur l'affaire du nommé Charles-Gilles **Ferré**, *comptable, membre de la Commune, âgé de vingt-cinq ans, né à Paris.*

Le nommé Charles-Gilles Ferré a de bien mauvais antécédents politiques : avant de jouer le rôle sanguinaire de délégué à la préfecture de police, qu'il a reçu du gouvernement révolutionnaire du 18 mars, il s'est fait remarquer dans plusieurs circonstances par ses paroles exaltées et ses excitations à la révolte. En 1868, à l'occasion de la manifestation Baudin, il essaya de prononcer un discours en montant sur un monument voisin de la tombe; ses premiers mots furent : « Vive la République ! La Convention aux Tuileries, la raison à Notre-Dame ! »

Dans les réunions publiques, il se fit remarquer par sa violence et ses discours insensés, qui évoquaient invariablement le souvenir de 1793. Lors du procès de Blois, il fut arrêté et accusé avec Dupont. Ses réponses au président furent d'une violence extrême, et ses insultes le firent évacuer de la salle; cependant, les preuves manquant, on l'acquitta.

Interrogé par nous sur sa participation au 18 mars et sur les crimes dont il a été l'auteur ou le complice, il a refusé de répondre à nos questions et de signer quoi que ce soit. C'est, dit-il, son système de défense, et il se réserve pour l'audience, probablement pour se livrer aux mêmes insultes qu'à Blois; il ne veut d'autre avocat que lui-même.

Nous lui avons cependant signifié les chefs d'accusation dirigés contre lui, et nous avons établi notre rapport sur les pièces accusatrices, sur les éléments fournis par la notoriété publique, les actes officiels de la Commune et les dépositions des témoins déjà appelés à Paris pour l'instruction des affaires des incendies de monuments et des assassinats des otages.

Le 18 mars, Ferré, se trouvant à neuf heures et demie du matin au n° 6 de la rue des Rosiers, fit opposition au départ des gardes républicains prisonniers, en obtenant du commandant Tardelle la révocation de l'ordre de leur mise en liberté qui avait été donné ; il se rendit ensuite au Château-Rouge, où venait d'être conduit le général Lecomte, et il se fit remarquer par sa ténacité à demander la mort du général.

Le 26 mars, élu au dix-huitième arrondissement membre de la Commune, et, le lendemain, membre de la commission de sûreté générale, il signa, avec Dereure, J. B. Clément, Vermorel et autres, une proclamation composée de calomnies contre l'autorité légitime, ainsi que d'excitations à la révolte et à la guerre civile.

Le 1er mai il fut nommé procureur de la Commune, ce qui lui permit de commencer les arrestations et condamnations arbitraires.

Le 14 du même mois sa nomination de délégué à la préfecture de police parut dans *le Moniteur*. Ami de Raoul Rigault, dont il continua les crimes, il fut placé au poste de délégué à la police par ce dernier, à la place de Cournet dont l'ex-délégué était moins sûr.

C'est ainsi que l'accusé signa d'un trait la suppression de presque tous les journaux et l'arrêt de mort de nombreuses victimes retenues ou emprisonnées par ses ordres.

Au dépôt de la préfecture, l'accusé a été vu par le témoin Desserey, surveillant au même dépôt, lorsqu'il prenait à part le nommé Veysset et lui lisait un ordre qu'il tenait à la main. Ferré, montrant un peleton

d'hommes des vengeurs de Flourens, lui aurait dit :
« Voilà le peloton d'exécution qui va vous emmener. »
Le brigadier Sauvage a dit au témoin qu'après avoir
fusillé cet homme, on l'avait jeté à l'eau.

Le témoin VERGNERI a vu Ferré distribuer de l'argent aux hommes qui allaient fusiller Veysset ; il leur
a donné à chacun 5 francs.

Le témoin RIGEAUT, voyant la préfecture de police en
flammes, en fit l'observation à Ferré au moment où il
faisait extraire Veysset. « Ce n'est pas vrai, répondit
ce dernier. Qui vous a dit cela? — Ce sont les gardes
nationaux, répondit Rigeaut. — Les gardes nationaux
sont des idiots, dit Ferré. Au surplus, vous n'avez pas
peur pour vous, puisque votre bâtiment est voûté! »
La Cour de cassation était déjà en flammes.

La nommée Marguerite FORZI et le nommé BACON,
employé à la préfecture, ont entendu dire que Veysset
aurait été fusillé par l'ordre de Ferré, qui aurait tiré
le premier coup et l'aurait atteint à la tête. Il l'aurait
ensuite fait jeter à la rivière.

Nous avons sous les yeux une pièce du directeur du
dépôt de la préfecture certifiant que Veysset, écroué
dans cette prison le 21 mai, avait été mis à la disposition de Ferré, qui le fit extraire le 24 mai pour être
passé par les armes.

Enfin, le témoin BRAQUAND affirme que l'ordre d'é-
crou de Veysset était signé par Ferré et que c'était
Ferré qui commandait le peloton d'exécution. La
femme Braquand, fille Tabouret, a vu, le 24 mai, Ferré
en paletot gris à col noir ; il haranguait le peloton
d'exécution en ces termes : « Tous les sergents de ville,
tous les gendarmes, tous les agents bonapartistes,
fusillés ici immédiatement. »

Parmi les victimes assassinées au dépôt se trouve le

nommé Valliat, extrait le 24 mai, par ordre de Ferré ; nous avons l'extrait du registre d'écrou.

Révolutionnaire fougueux et implacable, Ferré ne recula devant aucun moyen pour se venger de la défaite de son parti. Il partagea avec quelques autres membres de la Commune la mission d'incendier les monuments que les insurgés avaient occupés et ne voulaient pas laisser intacts à la troupe de l'ordre. Le mercredi matin, 24 mai, le témoin Cafford, demeurant rue de Harlay, à la préfecture de police, vit, vers dix heures du matin, Ferré et cinq autres individus, ayant un fusil en bandoulière, entrer à la préfecture et gagner l'escalier de service. Ferré lui dit : « Dépêchez-vous de vous en aller, nous mettons le feu ; dans un quart d'heure ce sera en flammes. » Une demi-heure après, le témoin vit sortir des flammes des deux fenêtres du parquet du procureur général, où Raoul Rigault s'était installé pendant l'insurrection. Le témoin remarqua que Ferré avait un collet de velours noir.

La femme Campagne vit le même jour quelques individus badigeonner les murs de la préfecture de police avec du pétrole ; elle remarqua parmi eux, au moment où ils sortaient, un homme plus petit que les autres, portant un paletot gris à collet de velours noir et un pantalon à bandes noires.

Le témoin Rigeaut, comme nous l'avons cité plus haut, dépose dans le même sens.

On ne doit pas s'étonner que le délégué à la préfecture de police ne voulût pas laisser intact le siége de son administration sanglante et les archives accusatrices qui contenaient les dossiers de ses compagnons de crimes.

L'accusé a donné l'ordre écrit et signé par lui d'incendier le ministère des finances, en ces termes :

« Citoyen Lucas, faites flamber finances et venez nous retrouver. » L'écriture a été contrefaite à dessein; nous avons fait étudier et comparer par un expert appelé dans ce but la note en question; l'expert a reconnu l'écriture conforme à celle de nombreuses lettres écrites par Ferré.

Le 24 mai, jour des assassinats et incendies déjà cités, le témoin Valtier, détenu à la Roquette pour vol, dépose que Ferré, en bourgeois, avec une écharpe rouge, se présenta à la Roquette avec une centaine de gardes du 195ᵉ bataillon et du 206ᵉ; il dit à ses hommes: « Citoyens, vous savez combien il en manque des nôtres. On nous en a pris six, nous en avons six à fusiller ! »

Le témoin vit, peu après, descendre les six otages : l'archevêque de Paris Mgr Darboy, M. le président Bonjean, l'abbé Allard, les pères Ducoudray et Clerc, l'abbé Deguerry.

Le 26, le nommé François, directeur de la Roquette sous la Commune, reçut un ordre signé de Raoul Rigault et de Ferré, portant l'ordre de remettre le nommé Jecker au juge d'instruction.

Le 27, le témoin Pinet, sous-brigadier à la préfecture de police, vit Ferré à la Roquette, devant la porte du greffe, qui criait en donnant des ordres parmi des gens de mauvaise mine.

A la même date, le délégué à la police fit délivrer les malfaiteurs détenus dans la prison en leur donnant des armes. Ces derniers massacrèrent alors un très-grand nombre de prisonniers, parmi lesquels se trouvaient soixante-six gendarmes. Cependant les prisonniers qui vivaient encore résolurent de se défendre; les meurtriers reculèrent. Mais ils leur tendirent un piége en leur promettant la liberté et en criant: « Vive la ligne! » Les abbés Surat, Bécaud et Houillon, et le sieur Chaulieu, furent victimes de cette trahison. Ferré est complice de ces assassinats; le piége fut organisé par lui, car il donna l'ordre écrit de faire sortir les otages. Les conséquences de cet ordre prouvent bien l'intention qui l'a dicté.

En présence de ces faits, notre avis est que le nommé Ferré soit traduit devant le Conseil de guerre :

1º Pour avoir participé à un attentat ayant pour but de changer la forme du gouvernement;

2º D'exciter à la guerre civile en armant les citoyens les uns contre les autres;

3º Pour avoir détruit et ordonné de détruire par le feu les monuments appartenant à l'État, habités et non habités;

4º Avoir provoqué et ordonné, comme complice, l'assassinat des otages;

5º Avoir usurpé des fonctions publiques;

6º Avoir ordonné des arrestations illégales et des perquisitions,

Crimes prévus et punis par les art. 59, 60, 87, 88, 91, 92, 95, 96, 97, 257, 258, 295, 296, 297, 302, 341, 344, 434, 437, du Code pénal ordinaire.

Versailles, le 25 juillet 1871.

Rapport sur l'affaire du nommé Adolphe-Alphonse **Assi**, *mécanicien, trente ans, né à Roubaix.*

Le nommé Assi était employé comme mécanicien dans les usines du Creuzot. L'exploitation de ces mines exige un concours d'ouvriers très-considérable; de là la nécessité de créer ou d'établir des ateliers spéciaux, à la tête desquels se trouvent des ouvriers intelligents et capables qui ont le titre de délégués.

Assi est un de ces délégués.

Les mines du Creuzot ont été l'objet de grèves très-sérieuses. Assi avoue s'être trouvé dans la première, qui, dit-il, n'avait aucun but politique et n'était simplement qu'une affaire de finances; il ne s'agissait que d'un règlement de comptes entre la caisse de secours des ouvriers de l'usine et l'administration générale du Creuzot, qui avait la direction de cette caisse.

Le 19 janvier 1870, Assi s'établit au Creuzot pour son propre compte. Au mois de juillet suivant éclate la seconde grève des ouvriers; Assi, quoique ne faisant plus partie des ateliers, fut néanmoins arrêté et conduit à Paris pour y subir son jugement.

Obligé de chercher des moyens d'existence et ne pouvant trouver d'emploi dans les principaux ateliers de Paris, il se jeta dans les agitations politiques.

Arriva le siége de Paris; Assi fut nommé officier dans un corps franc, les guérillas de l'Ile-de-France. Il passe ensuite dans le 192ᵉ bataillon de la garde nationale, fait partie d'une compagnie de marche comme lieutenant.

Bientôt l'ambition le gagne, il rêve une position, il emploie tous les moyens pour arriver à une célébrité quelconque.

Le Comité central était en train de se former. Assi, membre de la Société internationale et franc-maçon, profite des relations qu'il peut avoir dans ces sociétés, et comme lieutenant délégué du 192ᵉ bataillon il arrive à se faire nommer membre du Comité central.

C'est à partir du 18 mars qu'il prend surtout une part active aux malheureux événements qui viennent de se produire. En effet, nommé le 17 mars commandant du 67ᵉ bataillon, nous le retrouvons le lendemain 18 gouverneur de l'Hôtel de ville et colonel de la garde nationale, organisant avec les membres du Comité les moyens d'une résistance sérieuse à opposer, donnant des ordres pour que les barricades s'établissent dans toutes les rues, qu'il a soin d'indiquer avec méthode, empêchant la sortie de Paris des vivres et des munitions de toute espèce, et organisant des services à cette intention.

Quelque temps après, Assi se fait nommer membre de la Commune par le 11ᵉ arrondissement.

Devenu membre de la Commune, il prend une part active et suivie aux décrets et aux votes qui en émanent, et entre autres à ceux relatifs à la démolition de la colonne Vendôme et de l'hôtel de M. Thiers, à ceux qui ont amené l'incendie et le pillage, et à celui relatif aux otages.

Assi prétend ne pas se rappeler s'il les a tous votés et signés, mais il avoue, dans tous les cas, qu'il a voté pour la démolition de la colonne Vendôme. Il reconnaît la solidarité qui le lie aux membres de la Commune, ses collègues, et la responsabilité écrasante qui incombe à tous.

Il nie le vote du décret relatif aux otages, mais son nom figure parmi les membres présents à la séance du 17 mai, qui est précisément celle où fut voté le décret pour l'exécution des malheureux otages destinés à être massacrés. Il ne peut en conséquence nier le fait.

Le voilà donc usurpant, sans droit aucun, tous les pouvoirs civils et militaires, faisant acte de gouvernement, ordonnant et faisant mettre à exécution des décrets. « Les circonstances, dit-il, m'ont forcé, ainsi que mes collègues, à prendre en main l'administration de l'État. »

Cependant une certaine méfiance commençait à se répandre dans la Commune à l'égard de certains membres. Il paraissait que, redoutant l'ambition d'Assi, dont le zèle et l'activité étaient remarqués, les membres décidèrent qu'il devait être arrêté.

Il fut arrêté, en effet, dans les premiers jours d'avril, et remplacé comme gouverneur de l'Hôtel de ville par un certain Pindy, qui conserva ces fonctions jusqu'à la prise de Paris par l'armée.

Quelques jours après son arrestation, Assi fut retiré de la prison où il avait été conduit, rentra à l'Hôtel de ville, où il fut retenu prisonnier sur parole, et enfin, le 15 avril, il fut redu à la liberté. A partir de cette époque, Assi est rentré dans de nouvelles fonctions, qui consistaient à surveiller d'une manière spéciale la fabrication des munitions de guerre.

Il se charge, dès lors, de produire un approvisionnement de munitions suffisant pour les besoins journaliers, et, au moyen d'une situation d'entrées et de sorties, il est toujours à même de fournir à toutes les demandes qui peuvent lui être adressées. En un mot, il a des approvisionnements formidables qu'il entretient constamment par une fabrication active et soutenue.

C'est un service parfaitement établi, dont lui seul a la direction et la surveillance de la fabrication au point de vue de la qualité surtout. Bientôt il comprend que ses occupations sont très-multipliées, que la direction spéciale de la surveillance de la fabrication des munitions de guerre doit être l'objet de toute sa sollicitude et de tous ses soins ; il s'adjoint alors un aide sur l'intelligence et les capacités duquel il peut compter. Il cherche lui-même son homme et le trouve parmi les individus qu'il avait attachés à sa personne.

Cet homme est le nommé Fossé, sur lequel nous aurons bientôt à revenir, et dans lequel, il le dit lui-même, il avait une confiance illimitée.

Assi a donc trouvé un second lui-même, il est tranquille, il est intimement convaincu que, s'il ne peut exercer aujourd'hui son contrôle sur les munitions et les poudrières, il peut se faire remplacer par Fossé, qui lui rendra un compte exact de ses observations et de la situation.

Dans l'approvisionnement des munitions de guerre devaient se trouver évidemment les bombes incendiaires chargées de pétrole qui ont été lancées de Paris pendant la durée de l'insurrection. Il est donc bien certain que ces engins ne pouvaient sortir que des ateliers de fabrication dont Assi avait la direction et la conduite.

Tel est le rôle infâme et criminel qu'a rempli Assi jusqu'au moment où il fut arrêté, le dimanche 21 mai, par des militaires du 37ᵉ de ligne, en se rendant à la poudrière de la rue Beethoven.

Assi a donc été un des principaux meneurs de l'insurrection, il a été par sa propre volonté un des instruments les plus utiles au mouvement, sachant d'avance quelles pouvaient être les conséquences de ses actes et de ceux de la Commune dont il était membre.

Son but était d'arriver, par tous les moyens en son pouvoir, à changer un gouvernement que la France avait reconnu et s'était choisi.

Il a excité les citoyens à la guerre civile, embauché et provoqué des militaires à passer dans les rangs de l'insurrection, usurpé des pouvoirs civils et militaires. Il a fait acte de gouvernement, ordonné sans aucun droit; il a voté et fait exécuter des décrets dont les conséquences terribles et meurtrières n'ont amené que la dévastation, le massacre, le pillage, l'incendie et l'assassinat de personnes inoffensives et tout à fait étrangères à la politique.

En conséquencé, notre avis est que le nommé Assi (Adolphe-Alphonse), mécanicien, soit mis en jugement, pour : 1° attentat ayant pour but de changer la forme du gouvernement, excitation à la guerre civile, dévastation, pillage, incendie, assassinat et autres crimes et délits prévus par les articles du Code pénal : 59, 60, 61, 87, 88, 91, 92, 93, 96, 257, 258, 259, 295, 296, 297, 302, 341, 342, 344, 434, 437, 439 et 440, et l'art. 208 du Code de justice militaire.

Versailles, le 2 juin 1871.

Supplément (AFFAIRE Assi).

Notre rapport sur les divers interrogatoires subis par Assi était entièrement terminé, le dossier remis à M. le commissaire du gouvernement, et l'ordre de la mise en jugement avait été prononcé, lorsque l'arrivée de pièces très-importantes a nécessité de faire un supplément d'information.

En conséquence, nous avons dû interroger de nouveau le nommé Assi sur toutes ces pièces ; et, d'après l'examen approfondi de leur contenu et les réponses de l'inculpé, il nous a été facile de nous convaincre qu'elles n'étaient que la confirmation la plus évidente de toutes les charges écrasantes qui pèsent sur Assi.

En effet :

1° Nous trouvons d'abord des lettres qui indiquent d'une manière certaine son affiliation à l'Internationale. L'une d'elles est une dépêche chiffrée sur laquelle il n'a voulu donner aucun renseignement, et dans laquelle il nous a semblé reconnaître qu'il est question de l'adresse du nommé Pyat.

Une seconde lettre écrite en français porte également divers signes.

Assi prétend ne pas connaître son auteur. Quoi qu'il en soit, il est évident qu'Assi est un membre zélé de l'Internationale, et l'existence de ces deux lettres prouve qu'il entretient avec ses membres une correspondance occulte, afin de déjouer toute recherche.

2° Nous trouvons ensuite un ordre de service donné par Assi à son *alter ego*, le nommé Fossé.

D'après cet ordre, Fossé doit faire un choix particulier de monuments et d'édifices publics pour y établir des dépôts de poudres, et probablement d'autres matières inflammables.

La précision avec laquelle cet ordre est conçu indique toute l'attention que doit porter Fossé à faire son choix. Il doit surtout choisir des quartiers amis, ne communiquant pas avec les catacombes et assez éloignés des égouts. Il est donc de la plus grande évidence que le projet criminel de faire sauter èt brûler Paris a été conçu et arrêté de fait, que toutes les mesures vont être prises à cet égard, et qu'au cas où l'insurrection ne triompherait pas, cet infâme et criminel projet sera mis à exécution. Cependant il faut s'assurer une retraite ; aussi la recommandation la plus formelle est-elle donnée pour ne faire aucun dépôt dans les catacombes ni dans les égouts, afin de ménager une fuite sûre et sans dangers aux défenseurs de la Commune, en cas d'insuccès des opérations.

3° Assi était chargé de la surveillance de la fabrication des munitions de guerre. Il paraîtrait cependant qu'il faisait également fabriquer. Nous en avons les preuves dans une lettre qui se trouve au dossier et qui indique le dépôt central des poudres des finances, rue de l'Arsenal, 9, comme ayant été un centre de confection de matières empoisonnées. Assi faisait dans cet établissement de fréquentes visites ; il prétend qu'il ne se fabriquait que du fulminate, des étoupilles, des capsules, en un mot les mêmes munitions que celles fabriquées par l'État.

Toujours en vue de la fabrication des munitions de guerre, Assi fait une certaine visite à un sieur Girard (Gustave), fabricant de caoutchouc et de produits chimiques, rue du Théâtre, 7, à Grenelle. Il a appris que cette maison fabriquait, entre autres produits, du sulfure de carbone, le liquide le plus explosible de tous. Il demande au sieur Girard de lui fournir une certaine quantité de ce produit ; il insiste pour que ce fabricant se charge de la fabrication immédiate et assurée de ce sulfure de carbone, malgré les difficultés que lui objecte le sieur Girard pour arriver à une fabrication bien établie. Assi insiste pour avoir au moins un échantillon, et, comme pour ainsi dire gagner la bonne foi de M. Girard, il lui fait des propositions de payement immédiat, direct, sans intermédiaire ni réquisition, en cas d'arrangement.

Bref, M. Girard, ayant l'intention bien arrêtée de ne pas livrer ce produit, donne les instructions nécessaires dans sa maison pour exiger des reçus et faire remplir les formalités nécessaires par le preneur. Assi, comprenant sans doute que ses démarches et ses investigations pourraient peut-être le compromettre par la suite, renonce à venir chercher l'échantillon qu'il avait demandé précédemment et ne reparaît plus.

Ainsi donc, si Assi n'a pu se procurer de sulfure de carbone, il n'en a pas moins insisté pour y arriver. Il demeure donc bien établi qu'il agissait en surveillant et fabricant des munitions de guerre, puisqu'il cherchait lui-même les matières nécessaires à cette fabrication.

4° Vient ensuite une pièce manuscrite qui n'est autre qu'un décret de la Commune de Paris, renfermant deux articles dont le premier est relatif aux otages retenus par elle, et dont trois doivent être passés par les armes pour un seul fédéré tué ou blessé. Parmi ces otages on doit faire un choix dans l'une des trois catégories désignées : clergé ou magistrature, armée, bourgeoisie.

Assi entend la lecture de cette pièce avec le plus grand sang-froid du monde, dit et affirme avec la plus grande audace qu'il n'en a pas la moindre connaissance, et, sur la présentation de sa signature qui se trouve au verso, il a l'impudence de dire que cette signature n'est pas conforme à la sienne et que la pièce n'est pas exacte.

Assi ne peut plus nier aujourd'hui l'authenticité de sa signature ; les conclusions de l'expert, M. Delarue, commis par nous à l'effet de l'étudier, sont des plus claires et des plus concluantes. Elles se trouvent au dossier, à la fin du rapport de M. Delarue.

Ainsi donc, Assi a bien véritablement voté le décret sur les otages.

Arrive enfin une pièce relative à l'enrôlement forcé des militaires dans les rangs de la garde nationale, et signée de tous les membres présents à la séance où a été voté ce décret.

Assi a nié encore avoir coopéré à l'embauchage des militaires, et cependant son nom figure au bas du décret, avec tant d'autres. Il cherche à s'excuser en prétextant que ses occupations nombreuses à l'Hôtel de ville l'ont empêché d'assister aux séances, et que son nom figurait généralement sans qu'il ait pris part aux votes qui résultaient des séances.

Quoi qu'il en soit, Assi, pour nous, a embauché des militaires et voté le décret se rapportant à cette mesure prise et arrêtée par la Commune.

Quant aux armes trouvées sur Assi lors de son arrestation, elles se composent : 1° d'un couteau-poignard dont la lame est parfaitement aiguisée, et qui s'ouvre au moyen d'un ressort qui permet de présenter la lame instantanément; 2° d'un petit revolver de poche à six coups et renfermant encore deux cartouches tirées, les quatre autres manquent. Assi prétend que, lors de son arrestation, les cartouches qui se trouvaient dans son revolver étaient toutes intactes, et qu'il ne s'est jamais servi de cette arme. Il est facile de se convaincre que cette arme a dû servir souvent, en examinant l'encrassement de l'emboîtage des cartouches.

Quant au couteau-poignard, il ne l'avait, dit-il, que pour son usage.

Pour terminer notre rapport supplémentaire, nous persistons à dire qu'il n'est que le détail des preuves de la culpabilité d'Assi et consignées déjà dans notre premier rapport.

Qu'en conséquence, nous maintenons les conclusions de ce premier rapport, et invoquons les articles du Code pénal et du Code militaire qui y sont relatés.

Versailles, le 24 juin 1871.

Rapport sur l'affaire Raoul **Urbain,** *inculpé de participation à l'insurrection, âgé de trente-trois ans.*

Urbain, ancien chef d'institution primaire, après

avoir, pendant le siége de Paris, fréquenté assidûment les lieux de réunion, les clubs, et particulièrement celui du Pré-aux-Clercs, devient, antérieurement à la Commune, membre d'un comité de vigilance. Ce comité, institué dans le but de veiller à la conservation de la République, après les événements du 4 septembre, eut une grande part dans les agitations qui se produisirent à l'intérieur de Paris à l'époque du siége, et Urbain fut chargé à diverses reprises d'être l'organe de ce comité vis-à-vis des membres du gouvernement.

Plus tard, les comités de vigilance s'étant groupés pour former un comité central, Urbain continue à prendre part aux réunions et aux délibérations, tout en prétendant ne pas avoir, pendant cette seconde période, pris la parole comme lorsqu'il se trouvait au comité de vigilance.

Le comité central dont il est ici question n'était pas encore celui qui joua un si grand rôle sous la Commune ; néanmoins, il dura, selon les réponses du prévenu, jusqu'au dénouement de l'insurrection, et il est évident, d'après l'instruction, que les éléments qui composaient le premier ont fourni, en partie du moins, les éléments du second. Quoi qu'il en soit, les comités de vigilance, agissant isolément ou groupés plus tard, furent constamment un foyer d'agitation, de discussions, ne se distinguant des clubs ou réunions ordinaires que par un semblant de légalité de mandat.

A la fin de janvier ou au commencement de février, Urbain prétend s'être éloigné complétement de la vie politique et n'avoir conservé que quelques relations avec d'anciens amis, restés, eux, dans cette vie politique ; il prétend aussi n'avoir été mêlé en aucune façon aux événements du 18 mars, qu'il n'aurait connus qu'après leur entier accomplissement. Sans attacher à cette assertion une grande importance, en ce sens qu'Urbain n'était ni d'une trempe assez vigoureuse ni d'une intelligence assez grande pour être désigné alors à l'attention des grands instigateurs du mouvement, nous ne pouvons cependant accepter comme vraie cette prétention d'un désintéressement complet de la chose publique.

Le passé d'Urbain, que nous venons d'indiquer, son tempérament aussi bien que sa conduite ultérieure, nous donnent la conviction qu'il a joué à ce moment un rôle effacé. Il n'en a pas moins suivi avec ardeur et passion les phases de l'action. Il était orgueilleux et ambitieux; depuis le commencement de mars, il retournait aux réunions du comité formé avec les comités de vigilance; il n'avait pas cessé de fréquenter ses amis politiques, et s'il est resté dans l'ombre, nous le répétons, c'est que, malgré ses aspirations ambitieuses, il n'a pas trouvé de suite le moyen de se mettre en évidence.

Nous voyons, du reste, se produire la confirmation de nos appréciations ; car il nous dit lui-même être rentré le 22 mars dans la vie publique ; il nous dit qu'il était très-connu dans son arrondissement et dans son bataillon, où on lui offre un commandement qu'il refuse sous le seul prétexte qu'il n'a pas assez de connais-sances militaires. Ce mêms jour 22 mars, le Comité central, celui organisé par la direction du mouvement, fait offrir à Urbain le poste de maire du septième arrondissement. Celui-ci refuse, et, après deux jours de pourparlers, il accepte, à la condition de ne prendre aucune part à l'administration de l'arrondissement et de ne s'occuper que des élections.

En cela, il participait directement à la perpétration

de l'attentat contre le gouvernement régulier, puisqu'il se prêtait à une opération pour laquelle le Comité rencontrait des difficultés ; et s'il se défend d'avoir accepté les fonctions administratives, c'est tout simplement parce qu'il ne connaît en aucune façon l'administration. Du reste, il finit par les accepter en partie, à l'exception des actes de l'état civil, que M Hortus, adjoint, continue à signer dans l'intérêt de l'arrondissement.

Les élections appellent Urbain à faire partie de la Commune, où, en sa qualité d'ancien instituteur, il prend place comme membre dans la commission d'enseignement ; mais il conserve en même temps ses fonctions de maire ; de plus, il s'installe définitivement à la mairie vers le milieu d'avril, avec son jeune fils et sa sœur ; on le voit en même temps y donner asile à une dame Leroy, sa maîtresse, qui exerçait sur lui une très-grande influence, et qui elle-même pérorait dans les clubs, dans les comités où se réunissaient les femmes.

A la mairie du septième, cette femme prenait de son propre mouvement la direction, en l'absence de son amant, y recevait en son nom, et une foule de témoignages établissent l'influence qui vient de lui être attribuée.

Pendant le cours de la gestion d'Urbain, des perquisitions dans les maisons particulières, dans les maisons religieuses, ont été opérées ; dans ces dernières, Mme Leroy l'accompagnait quelquefois. Lorsque des arrestations étaient faites, des objets, des titres, des valeurs, étaient saisis, portés à la mairie, et de là, au dire d'Urbain, envoyés avec les prévenus à la préfecture de police.

Mais nous avons trouvé dans le dossier des plaintes portées contre Urbain et contre la femme Leroy, par lesquelles ils étaient accusés personnellement de s'être

approprié des valeurs et des bijoux ; et si l'un et l'autre
s'en défendent, nous ferons remarquer, en l'absence
de preuves bien palpables, que les scrupules de conscience n'étaient pas à l'ordre du jour dans la Commune, et particulièrement à la mairie du septième, où
la caisse d'enseignement de l'arrondissement, contenant
8,000 fr au début, fut réduite à 2,500 fr. à la dernière
heure. Urbain nous dit lui-même avoir disposé de cette
dernière somme en faveur de personnes de sa connaissance, compromises comme lui. D'autre part, il est
constaté que pendant le séjour à la mairie de la femme
Leroy les dépenses du prévenu excédaient évidemment, par suite de ses prodigalités vis-à-vis de sa
maîtresse, les 15 fr. par jour qui lui étaient attribués.

D'autre part encore, au dire du domestique d'Urbain, tout le monde puisait dans cette malheureuse
caisse, et nous trouvons dans le dossier le testament
par lequel le prévenu laisse à son fils une somme de
4,000 fr. en billets de banque et or, déposée chez sa
tante, Mme veuve Vauclair ; et il est établi qu'avant la
Commune il ne possédait rien. Mme Leroy elle-même,
que nos renseignements nous indiquent comme étant
venue à la mairie dénuée de ressources, nous accuse
l'existence d'une somme de 1,000 fr., fruit de ses éco-
nomies.

Une autre charge résulte et contre Urbain et contre
la femme Leroy, qui s'en défendent tous les deux, de
la plainte de M. Landau, inspecteur de police, chez lequel une perquisition aurait fait disparaître une somme
importante, des bijoux, une montre, etc. Quelques-uns
de ces derniers objets, saisis sur lui, auraient, au dire
d'Urbain, été envoyés à la préfecture ; mais M. Landau
affirme qu'une bague, prise sur Mme Landau, serait
passée directement entre les mains de la femme Leroy.

M. Landau accuse, comme valeurs saisies, un chiffre d'environ 5,000 fr.; Urbain, lui, prétend n'avoir v qu'un titre de 100 fr. et 60 fr. en argent.

Où était passée la différence, et comment Urbain trouve-t-il dans ses souvenirs, où les perquisitions devaient un peu se confondre, ce chiffre de 160 francs au total? Mme Leroy fait exactement une déposition en concordance avec l'affirmation de son amant; cela nous fait supposer que cette perquisition ayant permis la soustraction d'un chiffre assez élevé, une entente s'était préalablement établie entre ceux qui s'étaient, selon toute probabilité, partagé le produit presque entier de la saisie. Nous ajouterons que le nommé Endrès, délégué pour la police au même poste, et qui était le grand justicier d'Urbain, est à Paris, sous le coup d'une accusation de vol et que son instruction se poursuit.

Nous avons dit qu'Urbain, indépendamment de ses fonctions de maire, était membre de la Commune. A ce titre, son action aussi bien que sa coopération s'affirment par les documents que nous avons entre les mains, documents qui consistent en *ordres* signés de lui et dont il a reconnu l'authenticité. Si nous ne le voyons pas figurer dans la conduite des grandes opérations militaires, il a néanmoins joué, au point de vue de l'action, un rôle important. Il a été chargé à plusieurs reprises de visiter les portes. Il a à deux reprises fait réoccuper le fort d'Issy, qui avait été abandonné; cela il l'avoue lui-même.

Il a visité, par ordre, les casernes, les remparts; il a dirigé la construction des barricades, et, le 22 mai lorsque l'insurrection, refoulée sur plusieurs points, le chasse de la mairie, il nous dit lui-même avoir résisté aux sollicitations de la femme Leroy qui l'engageait à abandonner la lutte, et s'être rendu à l'Hôtel de ville avec l'intention de rester à son poste.

Comme homme politique, Urbain, dans les délibérations de la Commune, est toujours ardent et prend souvent la parole. Il apporte son vote approbatif à tous les décrets, et particulièrement à ceux relatifs aux mesures répressives, aux otages, à la démolition de la colonne Vendôme, de la maison de M. Thiers, au Comité de salut public, dont il fut un des plus ardents promoteurs; et enfin c'est lui qui, dans la séance du 17 mai, demande l'application du décret sur les otages.

A ce sujet, nous copions textuellement la proposition d'Urbain, insérée au *Journal officiel* du 18 mai: « Je demande, soit à la Commune, soit au comité de salut public, de décider que dix otages que nous tenons en main soient fusillés dans les vingt-quatre heures, en représailles du meurtre de la cantinière assassinée et de notre parlementaire assailli par la fusillade au mépris du droit des gens. Je demande que cinq de ces otages soient fusillés solennellement, à l'intérieur de Paris, devant une délégation de tous les bataillons, et que les cinq autres soient fusillés aux avant-postes, devant les gardes témoins de l'assassinat. J'espère que ma proposition sera acceptée. »

Par cette proposition, Urbain a attaché son nom à l'horrible attentat commis sur les otages; dans les derniers jours il a encore été membre de la commission militaire, et son activité, à défaut de ses aptitudes, a servi utilement la résistance. En un mot, il a tenu à honneur de se mettre en évidence, et, sans jouer un des premiers rôles dans le mouvement insurrectionnel, il ne s'en est pas détourné avant le dernier moment, et il a sa large part de responsabilité dans tous les actes criminels, dans tous les attentats commis dans Paris.

En conséquence, nous sommes d'avis qu'il y a lieu d'ordonner la mise en jugement du nommé Urbain et de lui faire l'application des art. 59, 60, 87, 91, 96, 258, 302 du Code pénal ordinaire.

Versailles, le 26 juillet 1871.

Rapport sur l'affaire d'Alfred-Edmond **Billioray**, *artiste peintre.*

Billioray, artiste peintre, était complétement inconnu du parti démocratique. Il paraît pour la première fois dans un club au mois de janvier 1871, le fréquente assidûment, y prend plusieurs fois la parole, et se révèle; le conseil d'arrondissement de la garde nationale le nomme membre du Comité central.

Billioray accourt à son poste le 18 mars, et prend la part la plus active à l'attentat contre le gouvernement de son pays; son nom est sur toutes les proclamations; en ce jour il fait ses preuves, aussi est-il nommé membre de la Commune aux élections du 26 mars, et, en cette qualité, attaché à la commission des finances.

Le tempérament ardent de Billioray, autant que sa nature artistique, ne lui permirent guère de s'adonner complétement aux finances; il fit de la politique, et plus avant s'engagea dans l'exagération. Le 16 mai, une vacance se produit dans le comité de salut public; Billioray sollicite son entrée, et est choisi par la majorité de la Commune. Il fait donc partie de ce comité de dictateurs qui organisent et présideront jusqu'aux derniers moments aux moyens de défense et de destruction.

Ainsi, il est établi que Billioray a été successivement

membre du Comité central, membre de la Commune et membre du comité de salut public ; il a donc engagé volontairement sa responsabilité et a coopéré à tous les attentats, décrets et actes faits, ordonnés ou tolérés par le comité central, la Commune et le comité de salut public, sur les otages, pour la destruction de la maison de M. Thiers, de la colonne Vendôme, le pillage des églises, et enfin les massacres et les incendies des derniers jours de la Commune.

En conséquence, nous sommes d'avis qu'il y a lieu d'ordonner la mise en jugement du sieur Billioray, artiste peintre, pour : 1° usurpation de toutes les fonctions administratives, judiciaires et militaires ; 2° séquestrations arbitraires ; 3° ayant participé à un attentat ayant pour but de changer le gouvernement régulier, et d'exciter à la guerre civile en armant ou en portant les citoyens ou habitants à s'armer les uns contre les autres, et de porter la dévastation, le massacre et le pillage dans la ville de Paris ; 4° destruction volontaire de maison particulière et monument appartenant à l'État ; 5° pillage des églises en bande et à force ouverte ; 6° d'assassinat, ayant voté la loi sur les otages : crimes prévus et punis par les articles 87, 91, 93, 302, 341 et suivants, 437 et 440 du Code pénal ordinaire.

Versailles, le 17 juin 1871.

Rapport sur l'affaire du nommé François **Jourde**, *étudiant en médecine, vingt-huit ans, né à Chessagne (Puy-de-Dôme).*

Le nommé Jourde, membre de la Commune et délégué à la commission des finances, a été pendant toute la période de l'insurrection un des membres les plus actifs, les plus ardents et les plus assidus qui ont apporté pour le triomphe de leur cause le concours de leurs lumières.

Jourde doit être classé dans la catégorie peu nombreuse des hommes intelligents qui ont dirigé le mouvement de l'Hôtel de ville : l'adresse et l'habileté avec lesquelles il a rempli les fonctions de délégué aux finances prouvent qu'il marchait d'un pas convaincu vers l'établissement de ce gouvernement qui ne pouvait entraîner que le bouleversement de la société tout entière.

Pendant le siége de Paris par les Prussiens, Jourde était sergent dans le 160e bataillon. Dès le 1er mars, une commission est formée dans le cinquième arrondissement. Jourde est secrétaire de cette commission, et, le 18 mars, lorsque le Comité central triomphe grâce à la défection de quelques compagnies du 88e, Jourde est nommé membre de ce comité.

Dès le 19 mars, il est adjoint à Varlin aux finances, et le lendemain il était nommé membre de la Commune. Vers le 3 avril il fut définitivement délégué aux finances, jusqu'au 20 mai. C'est le rôle le plus important qu'il ait rempli ; car, ainsi que les délégués des diverses commissions, il était membre de la commission exécutive.

Pendant son séjour au ministère, Jourde a rempli l'emploi le plus délicat, puisqu'il s'agissait de trouver les fonds nécessaires pour les exigences de la situation. Le ministère des finances ayant été brûlé, il n'existe aucune pièce qui puisse établir la distribution et l'emploi des fonds dont Jourde a eu le roulement.

Lors de son arrestation, qui eut lieu le 30 mai à une heure et demie du matin, en compagnie du nommé

Dubois, son ami, il fut trouvé porteur d'une somme de 8,070 francs en billets de banque. Dubois avait sur lui 1,700 fr. et, lorsqu'il parut chez le commissaire de police, on saisit encore sur ce dernier 1,400 fr. Cette somme totale de 11,170 fr. représente ce qui reste des millions que la Commune a absorbés.

Une partie de l'argent découvert sur Jourde était cachée dans la doublure de son gilet. Il dit : « Je n'ai pris que 7 ou 8,000 fr. qui appartiennent à l'État. » C'est déjà une preuve des détournements dont Jourde s'est rendu coupable.

Arrêté à l'improviste, Jourde subit un interrogatoire sommaire devant M. Orsud, capitaine d'état-major, et, dans cet interrogatoire, Jourde, qui a encore présents à la mémoire les faits les plus saillants de sa gestion, donne ainsi le détail des recettes qu'il a eues en sa possession :

Recettes journalières.	600,000 fr.
Emprunts à la Banque de France.	20,000,000
Pris dans les caisses scellées de l'État, au ministère des finances. .	4,000,000
Titres des actions de chemins de fer et bons sur le Trésor.	14,000,000
Titres provisoires du dernier emprunt.	200,000,000
Contrôle des chemins de fer. . .	2,000,000

Ce qui forme un total en espèces ou valeurs de 240 millions 600,000 fr.

Il est à regretter que cet interrogatoire ait été suspendu par un motif quelconque; les détails nécessaires pour l'établissement de la situation sont devenus par ce fait incomplets. Jourde a été arrêté dans son interrogatoire au moment où il faisait connaître son projet de départ pour l'Amérique, ce qui implique d'une manière évidente qu'en cachant dans son gilet l'argent qu'on y a trouvé, soit 8,070 fr., il avait la résolution bien arrêtée et calculée de détourner cette somme qu'il avoue appartenir à l'État.

Jourde a refusé d'indiquer les noms des secrétaires et employés qui ont été attachés à son service.

Pour nous, l'un de ces secrétaires ne serait autre que le nommé Dubois, arrêté avec lui, et porteur de sommes qu'il avait reçues de Jourde. C'eût été un moyen de justification pour Jourde dans les dépenses qui se sont produites et que lui seul réglementait.

En refusant ces renseignements, il cherche à mettre un obstacle à la découverte de la vérité, tandis qu'il se présente au contraire avec adresse comme le conservateur dévoué de la situation financière dont il avait la direction.

Il est de la dernière évidence que, si Jourde refuse énergiquement de donner des renseignements qui doivent et ne peuvent qu'apporter des lumières dans l'instruction, et, par suite, atténuer son immense responsabilité, ce n'est que pour faire dévier toutes preuves d'une culpabilité certaine dont il est au fond de sa conscience intimement convaincu; ce qui, pour nous, ne concorde en aucun façon avec le désir si vif qu'il émet qu'une enquête minutieuse et sévère soit faite sur sa gestion aux finances.

Dans l'interrogatoire que Jourde a subi par-devant nous, rapporteur, il établit comme il suit le bilan des recettes et des dépenses générales dans le cours de ses fonctions.

Recettes.

En caisse au ministère. . . . . .   4,000,000 fr.
Banque. 20,000,000
Recettes journalières diverses provenant des octrois, douanes, domaines, tabacs, enregistrement, timbre, monnaie, etc.   21,000,000
Chemins de fer   2,000,000
_____
Total. . . . .   47,000,000 fr.

Dépenses.

Une moyenne par jour de. . . . .   600,000 fr.

Soit en tout 47 millions de francs jusqu'au 27 mai inclus.

Comme on le voit, la balance des recettes et des dépenses existe, Jourde l'affirme exacte.

M. le marquis de Plœuc, sous-gouverneur de la Banque de France, entendu par nous relativement à l'attitude de la Commune et de Jourde en particulier vis-à-vis de cet établissement, et surtout au point de vue des fonds exigés à diverses reprises par Jourde pour les besoins de la situation, M. le sous-gouverneur, disons-nous, accuse, pièces en main, que la Banque de France n'a jamais remis de fonds que sur les menaces incessantes de pillage; qu'il n'a cédé qu'à la force brutale et qu'il a exigé que tous les reçus, qu'il conservait pour se mettre à couvert, portassent la mention qu'il ne cédait qu'à la force.

De plus, l'ensemble des diverses sommes remises entre les mains de Jourde, ou de ses agents munis de son autorisation et de reçus en son nom, s'élève à seize millions six cent quatre-vingt-onze mille francs. De sorte que, en laissant subsister les chiffres indiqués par Jourde au chapitre des recettes avec cette modification relative à la Banque, nous trouvons en réalité une somme totale de 43,691,000 fr.

D'autre part, les dépenses s'élevant à 47,000,000 fr., il est difficile d'admettre qu'avec le chiffre de 43,691,000 fr. on ait pu couvrir les dépenses. Il y a donc à constater une différence de 3,309,000 fr., et cependant les dépenses ont été couvertes jusqu'au 27 mai inclus. Que conclure donc de la réalité accusée par ces chiffres, si ce n'est la preuve évidente de la présence d'autres fonds en la possession de Jourde, fournisseur et distributeur de la Commune.

Dans une note que Jourde nous a remise et que nous avons jointe au dossier, l'inculpé a consigné son attitude comme membre de la Commune ; il essaye d'établir un compte rendu de sa gestion comme délégué aux finances. Il est question dans cette note des rapports qu'il a eus à diverses reprises avec la Banque de France ; les dépositions claires, concises (appuyées sur des notes recueillies sur l'instant), de M. de Plœuc, sous-gouverneur, et de M. Mignot, caissier principal, sont là pour contre-balancer les témoignages de sincérité que Jourde invoque à propos de ses exigences et des menaces qui se sont produites.

Le registre journal de la Banque, où sont inscrits au jour le jour les opérations et incidents de la journée, ne peut être mis en doute ; il ne peut que reproduire des faits et en consigner la date.

Du reste, une copie conforme de toutes ces notes a été délivrée sur notre demande pour être jointe au dossier et à la déposition de chacun de ces messieurs, témoins essentiels et particuliers des menaces incessantes dont la Banque a été l'objet.

Il manque donc 3,309,000 fr. pour solder les 47 millions de dépenses qui ont été réglées et payées. Si, comme Jourde le prétend, il a refusé le concours de personnes inconnues lui offrant de venir en aide aux finances de la Commune, entre autres l'offre de 50 millions qu'il aurait pu toucher en donnant comme garantie les tableaux du Louvre, nous sommes en droit de demander à Jourde des explications sur la réalisation de ces 3,309,000 fr. nécessaires au solde complet des dépenses accusées.

Ne pourrait-on pas y trouver la transformation en monnaie des matières d'or et d'argent provenant des vases sacrés des églises de Paris, et des objets précieux enlevés des Tuileries et autres établissements de l'État ou particuliers?

En résumé, Jourde a été membre du Comité central de la garde nationale, membre de la Commune, délégué aux finances.

Comme membre de la Commune, Jourde est responsable comme complice de tous les actes qui ont été la conséquence des décrets rendus par elle et qui ont reçu leur entière exécution, entre autres les décrets relatifs à la colonne Vendôme, aux otages; responsable des incendies des divers établissements d'utilité publique, entre autres du ministère des finances et de la Cour des comptes, établissements financiers dont l'administration rentrait dans ses attributions.

6.

Jourde affirme que cet incendie du ministère s'est produit par des obus tombés sur la toiture ; nous savons, au contraire, que le feu a été mis au ministère d'après les ordres de Ferré à un nommé Lucas, ordre ainsi conçu : « Citoyen Lucas, faites flamber finances et venez nous retrouver. » — *Signé* : Ferré.

Jourde, comme délégué aux finances, doit rendre compte de sa gestion qui a entraîné des bris de scellés des caisses de l'État et la dissipation des deniers de l'État ; il s'est rendu coupable d'attentat ayant pour but de changer la forme du gouvernement, d'usurpation de fonctions, tous crimes et délits prévus par les articles suivants du Code pénal : 59, 60, 87, 88, 91, 96, 253, 257, 258, 259, 295, 296, 297, 305, 341, 342, 434, 437, 439 et 440.

En conséquence, notre avis est que le nommé Jourde doit être traduit devant un Conseil de guerre.

Versailles, 26 juillet 1871.

Rapport sur l'affaire du nommé Alexis-Louis **Trinquet**, *cordonnier, âgé de trente-cinq ans, né à Valenciennes.*

Trinquet, cordonnier, habitué des réunions publiques, où il se fit remarquer par sa violence, était, en 1869, l'un des membres du comité électoral qui proposa et soutint la candidature de M de Rochefort ; celui-ci, pour reconnaître ce service, l'employa dans les bureaux de *la Marseillaise*.

En 1870, le 8 février, Trinquet est arrêté dans la

rue poussant des cris séditieux; il est trouvé porteur d'une arme prohibée. On fait une perquisition chez lui; il était détenteur de munitions de guerre. La septième chambre de Paris le condamna pour ces faits à six mois de prison et 50 fr. d'amende.

Trinquet affirme n'avoir point fait de politique pendant et après le siége de Paris par les Prussiens jusqu'à son élection à la Commune.

Cette affirmation peut être mise en doute, car Trinquet eût manqué à toutes ses habitudes

Nommé membre de la Commune aux élections complémentaires du 16 avril, Trinquet est nommé membre de la commission de sûreté générale, particulièrement chargée des mesures répressives.

Dans cette commission, Trinquet fut plutôt pour la rigueur que pour l'indulgence; jamais il ne prit la parole pour atténuer les faits ou pour protester contre l'arbitraire.

Il est violent, il vote pour le comité de salut public. Il assiste à la séance dans laquelle Urbain fait sa proposition à l'égard des otages; il ne proteste pas plus que s'il ordonnait une démolition. Nous savons que Trinquet se plaignit qu'il ne lui fût pas laissé une part assez belle dans la commission policière; il travaille en dehors, et c'est par son ordre qu'on fait une perquisition chez les abbés Petit et Tassy.

Il prétend avoir voulu donner sa démission. Mais le voulut-il bien? Rien ne nous indique qu'il ait fait une semblable démarche.

Trinquet a été trouvé porteur d'une somme sur l'origine de laquelle il ne nous a pas dit la vérité. Cette somme ne provient pas du petit héritage fait en 1859. Depuis douze ans, Trinquet a fait beaucoup trop de politique, et partant moins de chaussures. Nous restons convaincus que de l'héritage de sa mère il ne lui reste plus que le regret de l'avoir mal employé.

Pour la somme de 2,230 fr., elle provient d'une largesse que se sont offerte les membres de la Commune.

Il résulte de l'instruction que Trinquet a été membre de la Commune insurrectionnelle de Paris et de la commission de sûreté générale.

Il a donc :

1° Usurpé tous les pouvoirs ;

2° Contribué à l'attentat ayant pour but de détruire ou changer la forme du gouvernement ;

3° Excité à la guerre civile en armant ou en portant les citoyens ou habitants à s'armer les uns contre les autres, soit de porter la dévastation le massacre et le pillage dans la ville de Paris ;

4° D'assassinat, ayant voté l'application du décret sur les otages.

En conséquence, nous sommes d'avis qu'il y a lieu d'ordonner la mise en jugement du sieur Trinquet, coupable de délits et crimes prévus et punis par les art. 59, 60, 87, 91, 96, 258, 302, 341 et 342 du Code pénal.

Versailles, le 26 juillet 1871.

Rapport sur l'affaire de Louis-Henri **Champy**, *âgé de vingt-cinq ans, orfévre-coutelier, né à Clamart (Seine).*

Champy, ouvrier coutelier, fréquentait assidûment les clubs pendant le siége et y prenait fréquemment la parole ; c'est ainsi qu'il arriva à se faire connaître et à se faire nommer membre de la Commune aux élections du 26 mars. Après la proclamation de la Commune, il fait partie de la commission des subsistances.

Champy est chargé d'aller faire une inspection dans les bureaux de navigation du canal Saint-Martin, ayant surtout pour objet la saisie des sommes en caisse ; le 21 du même mois, sur l'avis du commandant de la caserne du Château-d'Eau, il autorise la prise de possession de 3,000 tuniques provenant des magasins des régiments de ligne.

Champy, qui veut jouer un rôle, est avec la majorité violente de la Commune ; il vote toujours avec elle et prend sa part de responsabilité de tous ses excès.

Outre les faits dont il est question plus haut, nous devons ajouter les hésitations et le louche de ses déclarations, quand il lui a été demandé compte de l'emploi de son temps pendant les derniers jours. Il est à la mairie du onzième arrondissement le 24 mai, pour recevoir les 1,000 fr. distribués à chaque membre de la Commune ; le 25, c'est au colonel Brunel, un des agents de l'incendie, qu'il s'adresse pour ordonner des mesures tendant à faire combattre l'incendie ; le 26, Champy passe sa journée à la mairie du onzième arrondissement, devenue le quartier général de l'insurrection. C'est de là que partent tous les ordres, c'est là qu'arrivent tous les rapports, c'est là qu'est le gouvernement insurrectionnel. Champy prétend avoir passé les journées du 27 et du 28 à visiter les hôpitaux.

De tout ce qui précède il résulte que Champy, membre de la Commune, ayant voté tous les décrets et accepté sans protestation tous les actes, a : 1° usurpé tous les pouvoirs judiciaires, militaires, administratifs ; 2° séquestrations arbitraires ; 3° participation à l'attentat

dont le but a été d'exciter à la guerre civile en portant
les citoyens ou habitants à s'armer les uns contre les
autres, et de porter la dévastation, le massacre et le
pillage dans la ville de Paris; destruction volontaire
de maisons particulières ou monuments appartenant à
la nation; 5° pillage des églises en bande et à force
ouverte ; 6° d'assassinat, ayant voté la loi sur les
otages.

En conséquence, nous sommes d'avis qu'il y a lieu
d'ordonner la mise en jugement du sieur Champy,
coupable de délits et crimes prévus et punis par les
art. 59, 60, 87, 91, 93, 96, 302, 341 et suivants, 437 et
440 du Code pénal.

Versailles, 26 juillet 1871.

Rapport sur l'affaire du nommé **Régère** (*Dominique-*
Théophile), *vétérinaire*, *membre de la Commune*,
âgé de cinquante-cinq ans, *né à Bordeaux*

Le sieur Régère, né à Bordeaux en 1826, exerçait la
profession de vétérinaire. Fondateur et rédacteur de *la
Tribune de la Gironde*, il vit son journal supprimé le
2 décembre et fut proscrit par le coup d'État. Il
résidait à Paris depuis 1855, lorsque le 31 octobre il
organisa l'émeute contre le gouvernement provisoire,
et fut poursuivi avec Lefrançais et Millière.

L'accusé faisait déjà à cette époque prévoir son ardeur à défendre les idées socialistes; il prétend n'être
entré que plus tard dans l'Internationale, dont il a été
membre actif pour la section du Panthéon. Secrétaire

du comité des vingt arrondissements, membre du comité d'armement et du comité électoral du cinquième arrondissement, il fut porté le premier sur la liste de cet arrondissement pour l'assemblée de la Commune. A cette occasion, il fit une proclamation à ses électeurs, publiée par *l'Officiel*, et qui est sa profession de foi. Quoique modérée dans la forme, elle excite au mépris du gouvernement de l'ordre et fait l'apologie de l'insurrection.

Le 28 mars, le sieur Régère fut nommé membre de la Commune et délégué à la mairie du cinquième arrondissement, qu'il a administré jusqu'à la fin de l'insurrection.

Le journal officiel de la Commune a publié plusieurs proclamations, décrets et avis signés de lui, entre autres: un arrêté sur les octrois (2 avril), un autre arrêté sur les journaux (*Officiel* du 3 avril), un avis écrit à la mairie du cinquième arrondissement, et enfin un arrêté sur les réfractaires. Tous ces actes émanent d'un homme dévoué à l'insurrection.

Dans les séances de la Commune il s'est fait remarquer par ses interruptions continuelles et ses réclamations.

Le 28 avril, il demande l'urgence pour qu'il soit formé un comité de salut public.

Le 1er mai il votait pour la dénomination de comité de salut public à donner au comité ; son vote est motivé ainsi : « Attaqués impitoyablement et sans motif légitime, j'estime que nous devons défendre avec énergie la République menacée. »

Le 2 mai, Régère fait l'éloge de la manière avec laquelle le conseil de légion de son arrondissement fait les perquisitions pour trouver les réfractaires, les armes, etc.

Le 3 mai, en entendant la proposition Pollat, relative à la chute de la colonne Vendôme, l'accusé, impatient, s'écrie : « Mais c'est voté ! » Au sujet de l'emploi des établissements religieux, il annonce qu'il a disposé de celui de la rue des Postes pour y loger des réfugiés. Enfin, à la fin de la séance, il soutient énergiquement Félix Pyat, son ami, attaqué par la Commune.

Le 8 mai, il combat la publicité pour les actes du comité de salut public, et demande le vote nominal ; il se plaint aussi de ne pas recevoir les rapports de la guerre.

Dans une des séances de la Commune il a protesté en faveur du commissaire de la police communeuse Pilotell, qui avait fait des perquisitions scandaleuses chez MM. Chaudey et Polo.

Le 19 mai il a présidé la Commune, et n'a plus assisté à ses séances depuis ce jour, pour pouvoir résider d'une manière permanente dans son arrondissement. Il nous a dit lui-même qu'il devait coucher à la mairie « pour assister aux travaux de défense et présider à la protection d'une partie de ses administrés ».

Dans cette circonstance l'accusé avance une chose qui demande des preuves, toutes les églises de Paris ayant été fermées par ordre de la Commune. Il prétend avoir assisté avec son fils aîné, commandant du 248e bataillon, à la première communion de son second fils Gaston, à l'église Saint-Étienne-du-Mont. En citant ce fait, l'accusé affirme qu'il a fait relâcher ou évader plusieurs prêtres et autres personnes arrêtées par des troupes étrangères à son arrondissement. Ces personnes doivent être citées par lui comme témoins à décharge.

Lorsque les troupes de Versailles approchèrent du cinquième arrondissement, le délégué à la mairie s'occupa sérieusement de la défense; nous avons sous les yeux une note signée de lui et reconnue par lui, mettant un millier d'hommes à la disposition de la défense, annonçant qu'il fortifie le Panthéon, demandant de l'artillerie et un représentant de la guerre; cette note prouve sa part active à la guerre civile depuis l'entrée de l'armée régulière, et est en contradiction avec ce qu'il avance.

L'accusé avoue cependant que, voyant la défense impossible, il réunit un conseil de guerre, composé du colonel Blin et de ses officiers, et leur proposa de renvoyer les troupes dans d'autres quartiers, ce qui est complétement contredit par la résistance du Panthéon. Il prétend aussi avoir donné l'ordre, signé par lui et par Jules Vallès, de ne pas faire sauter et incendier les monuments. Le colonel fédéré Lisbonne aurait reçu cet ordre. Cependant il est de notoriété publique que si les soldats de l'ordre n'avaient pas coupé le fil conducteur destiné à communiquer l'étincelle aux poudres du Panthéon, tout le quartier aurait sauté.

Nous avons mis sous les yeux du sieur Régère un ordre qui lui est attribué par les feuilles publiques, et qu'il aurait donné à Millière, l'ordre d'incendier les monuments et les maisons suspectes de la rive gauche, en s'entendant avec les chefs des barricades. Il nie formellement avoir donné cet ordre, qu'il accuse d'être inventé. A l'arrivée des troupes régulières, le maire du cinquième arrondissement prit la fuite et se cacha pour échapper aux défenseurs de l'orde jusqu'au moment de son arrestation.

Comme membre de la Commune, le sieur Régère a pris sa part de responsabilité dans les actes, décrets et proclamations de ce gouvernement, dont il a été un agent très-actif.

Comme délégué au cinquième arrondissement, il nous a lui-même avoué son pouvoir presque sans contrôle; il assume sur lui seul la responsabilité des décrets, réquisitions, avis, proclamations, perquisitions, arrestations de réfractaires, signatures d'actes de naissance et de mariage, qui ont eu lieu sous son administration; il prétend en avoir eu le droit, en s'appuyant sur son élection par le suffrage de ses administrés.

Il est aussi à remarquer que, comme membre de la Commune, il est responsable des décrets ordonnant la destruction de la colonne Vendôme, de la maison de M. Thiers, des arrestations arbitraires et des exécutions sommaires dont l'histoire de l'insurrection contient de nombreux exemples.

En conséquence, notre avis est que le nommé Dominique-Théophile Régère soit traduit devant le Conseil de guerre, pour avoir :

1° Participé à un attentat dont le but a été d'exciter à la guerre civile en armant les citoyens les uns contre les autres;

2° Participé à un attentat ayant pour but de changer la forme du gouvernement:

3° Usurpé des fonctions civiles et les avoir exercées illégalement;

4° Ordonné des réquisitions, perquisitions et arrestations arbitraires;

5° Donné l'ordre d'incendier et de détruire par la mine et par le feu des édifices appartenant à l'État et des maisons habitées;

6° Signé l'ordre de détruire et de renverser des monuments élevés par l'autorité publique, et des habitations privées,

Crimes prévus et punis par les articles 59, 60, 87, 88, 91, 92, 437, 95, 257, 258, 295, 296, 297, 302, 341 et 434 du Code pénal ordinaire, et par l'article 6 de la loi du 27 février 1858.

Versailles, le 25 juillet 1871.

Rapport sur l'affaire du nommé **Lisbonne** (*Maxime*), *âgé de trente-quatre ans, artiste dramatique, ancien directeur de théâtre.*

Maxime Lisbonne, né à Paris, a été successivement artiste dramatique, directeur du théâtre des Folies-Saint-Antoine et agent d'assurances. Comme il le dit lui-même, rien ne lui a réussi. Lorsque l'insurrection du 18 mars a éclaté, il était criblé de dettes, suite de sa faillite comme directeur de théâtre.

Capitaine au 24ᵉ bataillon du dixième arrondissement, compagnies de marche, élu membre du Comité central, il prétend que son élection a eu lieu à son insu. Lorsqu'il demanda quel était le programme du Comité, il soutient qu'on mit en avant l'élection des officiers de la garde nationale et les franchises municipales, ce qui lui parut raisonnable. Nous trouvons la signature de l'accusé au bas du décret du 20 mars, six heures du soir, daté de l'Hôtel de ville, où déjà le Comité avait usurpé les fonctions gouvernementales. (Voir le supplément du rapport.)

Depuis ce jour-là jusqu'au 29 mars, date du premier décret de la Commune, l'accusé accepte, comme membre, sa part de responsabilité des actes et décrets rédigés par le Comité, qui a fait la révolution du 18 mars. Sur lui donc, comme sur ses collègues, retombent les proclamations excitant à la guerre civile et au mépris de toutes les lois régulières, les calomnies dirigées contre l'autorité légitime, les décrets bouleversant toutes les institutions établies, les appels aux armes, enfin tous les actes criminels qui ont signalé les premiers jours du gouvernement révolutionnaire.

Lisbonne a, dit-il, donné sa démission lorsqu'il a vu le Comité central sortir du programme qu'il avait exposé. Il est vrai que, depuis le 29 mars, on ne retrouve plus sa signature au bas des décrets du Comité; mais lorsque nous lui avons démontré la contradiction de ces raisons émises par lui avec sa conduite ultérieure qui prouve son dévouement à l'insurrection, il a prétendu que ses antécédents comme directeur de théâtre en faillite, donnant prise sur sa réputation, il ne pouvait conserver un mandat qui exigeait une honorabilité irréprochable. Enfin il cherche à expliquer les grades acquis et conservés par lui sous la Commune, en disant que la solde lui était nécessaire pour subvenir aux besoins de sa femme et de son fils.

Vers les premiers jours d'avril, il fut chargé par Cluseret de distribuer des effets d'habillement aux hommes de sa légion, dixième arrondissement; il conduisit ensuite cette légion à Issy sous les ordres du général insurgé Eudes ; nommé provisoirement pendant dix ou douze jours chef de cette légion, il fut bientôt remplacé par Brunel et remis dans son ancien grade de capitaine jusqu'au moment où il fut nommé lieutenant-colonel d'état-major attaché au général insurgé La Cécilia. C'est en remplissant ces fonctions qu'il a assisté fréquemment aux combats livrés par l'insurrection contre l'armée régulière.

Le 23 mai, il se trouvait au Panthéon avec un commandement supérieur pour organiser la défense des barricades. Il dit avoir reçu ce jour-là un ordre du général Eudes lui prescrivant « de faire sauter le

Luxembourg, le Panthéon et la Bibliothèque; » il aurait refusé trois fois d'obéir et aurait communiqué son refus à Régère et à Jules Vallès; ces derniers furent de son avis et firent circuler un ordre aux chefs de poste d'avoir à empêcher par tous les moyens possibles l'exécution de pareils crimes.

Une délaration de M. le docteur Billaret, médecin en chef de l'ambulance de Notre-Dame de Sion, accuse le nommé Lisbonne de l'avoir menacé, dans la nuit du 23 au 24 mai, le revolver au poing, et, sur ses observations que la barricade où ils se trouvaient n'était pas tenable, par suite du feu meurtrier qu'on y essuyait, de lui avoir dit : « Je le sais fort bien; mais, avant de faire quitter le poste, je dois faire sauter la maison du coin de droite de la rue Notre-Dame-des-Champs et brûler l'autre, c'est-à-dire celle du boulanger. » Il aurait ajouté que « c'était au Panthéon qu'il attendait les troupes de Versailles. »

Un autre témoin, le nommé PÉNON, atteste dans une lettre que le colonel Lisbonne l'a fait arrêter le mercredi 24 mai et traîner de barricade en barricade de neuf heures du matin à six heures du soir, en le menaçant de le faire fusiller. M. le docteur Billaret, dans sa déclaration, dépeint Lisbonne avec un costume d'officier d'artillerie et un chapeau de feutre mou à plumes rouges.

L'accusé nie formellement le crime dont on l'inculpe; il avoue avoir causé avec un médecin, dans la nuit du 23 au 24 mai, mais amicalement et en fumant une cigarette avec lui. Il portait, dit-il, ce soir-là une tunique à la hongroises et un chapeau de feutre sans ornements; enfin il aurait passé le reste de la nuit du 23 au 24 chez le marchand de vin rue Basfroy, dont la maison servait de caserne aux gardes nationaux.

En protestant contre l'accusation d'incendie, Lisbonne fait remarquer qu'ayant reçu, le jour de l'entrée des troupes régulières, l'ordre de brûler le séminaire de Vaugirard en le quittant, il a refusé d'obéir.

Le 24, à midi, le lieutenant-colonel d'état-major de la Commune tombait frappé d'une balle à la cuisse, sur la place du Château-d'Eau, où il organisait la défense des barricades.

En présence de ces faits, notre avis est que le nommé Lisbonne (Maxime), artiste dramatique, et colonel sous la Commune, soit traduit devant le Conseil de guerre pour avoir :

1° Participé à un attentat ayant pour but de changer la forme du gouvernement et d'exciter à la guerre civile, en armant et portant les citoyens à s'armer les uns contre les autres; de porter la dévastation, le massacre et le pillage dans la ville de Paris;

2° Avoir levé et fait lever des troupes armées, engagé et fait engager des soldats sans ordre ni autorisation légitime;

3° Avoir voulu incendier et détruire par l'explosion d'une mine des édifices appartenant à l'État et des maisons habitées (Voir l'article 3 du supplément),

Crimes prévus et punis par les articles 59, 60, 87, 88, 91, 92, 93, 95, 96 et 97 du Code pénal ordinaire, et par la loi du 27 février 1858.

Versailles, 25 juillet 1871.

Supplément (AFFAIRE Lisbonne).

Par suite des témoignages déposés depuis le 25 juillet relativement à l'affaire Lisbonne, nous sommes obligé d'ajouter au rapport qui le concerne les faits suivants.

1° Le 26 mars, les brigadiers de gendarmerie Penon et Py ont vu Lisbonne arriver à la caserne des Minimes à la tête d'une soixantaine de gardes nationaux et avec Pindy. En approchant de la porte fermée, il se tourna vers son escorte et dit : « Chargez vos armes, il nous faut les armes des gendarmes ou du sang. »

Les gardes nationaux crièrent alors : « Oui, vive Menotti Garibaldi! » L'officier de la garde nationale qui était de garde fit ouvrir les portes, et la bande entra dans la cour pour faire charger les armes qui étaient toutes dans le poste ; pendant ce temps, le capitaine d'escorte Pindy prenait possession de la caserne. Sur l'observation que les chevaux étaient la propriété des gendarmes, il appela, en le nommant, Lisbonne, pour en conférer avec lui. Ce dernier portait une casquette à trois galons.

2° Le témoin EYRAUD, soldat au 70ᵉ de ligne, et rejoignant de son corps à Versailles, fut arrêté aux environs du village de la Vieille-Poste par une bande de gardes nationaux, qui le désarmèrent et le conduisirent d'abord au poste de Montrouge, puis à la caserne du Prince-Eugène, où se trouvait Lisbonne avec une écharpe rouge et une casquette à trois galons ; les insurgés lui donnaient le titre de colonel. L'accusé ordonna de mettre Eyraud en prison, en disant : « C'est un mauvais *lignard*, nous le ferons fusiller pour donner exemple aux autres. » Le témoin demeura trois jours en prison et put s'échapper le quatrième.

En conséquence, et faisant suite aux réquisitions du précédent rapport, Lisbonne est traduit pour :

4° Avoir détruit, abattu, comme complice, des monuments élevés par l'autorité publique ;

5° S'être immiscé sans titre dans des fonctions militaires, avoir fait acte de ces fonctions et avoir porté un costume qui ne lui appartenait pas;

6° Avoir ordonné des arrestations illégales en menaçant de mort (articles 257, 258, 259, 341 et 344 du Code pénal).

Rapport sur l'affaire du nommé Charles Lullier, ancien officier de marine, âgé de trente-trois ans, ne à Mirecourt (Vosges), domicilié à Paris, boulevard Saint-Michel, 6.

M. Charles Lullier, ancien officier de marine, mis en réforme le 6 juin 1868, au moment où il était nommé lieutenant de vaisseau, fit pressentir dès sa sortie de l'école navale, par son esprit indiscipliné et son caractère irascible, combien lui serait difficile à supporter toute autorité supérieure à la sienne.

Aspirant de deuxième classe sur le vaisseau *l'Austerlitz*, il se signala par son humeur querelleuse et ses violences à l'égard de ses chefs et de ses égaux, qui causèrent son débarquement et sa détention d'un mois à l'arsenal de Brest.

Pendant les années qui suivirent, ses dispositions à la révolte ce développèrent rapidement; deux fois, dans l'espace de cinq ans, cet officier a encouru la peine grave du retrait d'emploi. Rappelé à l'activité le 6 juillet 1867, il se fit remarquer par de nouveaux actes d'indiscipline, pour lesquels il fut traduit devant un conseil d'enquête, qui décida sa mise en réforme le 16 avril 1868.

Égaré par un jugement faux et par une véritable monomanie d'orgueil, M. Lullier se révoltait à cette époque contre la société, qu'il accusait d'injustice, parce que ses fautes étaient punies par elle, et est ainsi arrivé rapidement à professer les doctrines révolutionnaires les plus exagérées. Il désirait déjà ardemment, en 1862, jouer un rôle politique, et s'était porté dans ce but pour la députation.

Candidat dans le Finistère, délivré du joug imposé par la discipline militaire et rendu à l'indépendance de la vie civile par son expulsion du corps de la marine, M. Lullier a prouvé, par plusieurs de ses actes antérieurs au 18 mars 1871, qu'il n'acceptait pas plus facilement les lois de la société que les lois de l'armée. En effet, nous le voyons quatre fois frappé par ces lois qui le gênaient et qu'il voulait bouleverser. Il est condamné :

1° Le 30 septembre 1868, à six mois de prison et 200 francs d'amende, pour coups et port illégal d'uniforme ;

2° Le 20 novembre de la même année, à deux mois de prison, pour coups et blessures volontaires avec préméditation ;

3° Le 26 avril 1869, à un mois de prison pour rébellion et outrages envers l'autorité ;

4° Le 22 septembre de la même année, à six mois de prison, pour outrages envers un magistrat de l'ordre administratif.

Ces idées subversives l'ont mis promptement en relations avec Gustave Flourens et Rochefort, qui fut un de ses amis dévoués. Une lettre du premier, datée du 16 novembre 1869, prouve qu'il « appréciait particulièrement les dispositions politiques de M. Lullier, et admirait en lui l'homme d'action auquel il prédisait un grand avenir dans le mouvement révolutionnaire. »

Rochefort lui témoigne dans ses lettres une grande

affection, et « compte sur lui pour le jour où il faudra marcher ».

Le 9 septembre 1870, nommé délégué au Comité de défense de Paris, pendant le siége, par l'Internationale, il fut le lendemain envoyé en mission à Copenhague, mission nommée par lui une insigne fourberie, dans sa protestation écrite le 28 mars, à la Conciergerie. A son retour, il fut chargé par le gouvernement provisoire d'aller aux États-Unis, d'où il revint à Paris le 12 mars.

Les événements du 18 mars se préparaient : M. Lullier, homme d'action, comme le qualifiait Flourens, allait trouver l'occasion de justifier l'espérance de ses amis politiques, qui ne l'oubliaient pas et l'avaient choisi pour chef militaire de l'insurrection. M. Lullier, général de la garde nationale rebelle, a exposé devant nous l'historique de ses actes pendant les journées des 18, 19, 20, 21 et 22 mars; il a fait complaisamment ressortir l'énergie avec laquelle il a exercé son commandement; il explique les moyens employés, énumère les points occupés successivement par les insurgés, et sa narration suit pas à pas les phases diverses de l'occupation complète de Paris et des forts par la garde nationale.

Nous allons essayer de résumer en quelques mots ce compte rendu assez exact des progrès de l'insurrection dans la capitale, progrès dont le général en chef des insurgés n'hésite pas à s'attribuer tout le mérite. Ce récit constitue à lui seul l'acte d'accusation.

Le 15 mars, M. Lullier, recommandé par ses relations avec les hommes qui complotaient l'établissement de la Commune, reçoit dans une réunion composée de 2,500 délégués, et tenue au Vauxhall, la proposition de commander l'artillerie et les 6ᵉ, 11ᵉ et 20ᵉ légions, proposition acceptée par lui, à la condition, dit-il, qu'elle lui serait faite par les officiers de la garde nationale. Dès ce moment, il entre de fait dans le rang des insurgés.

Le 18 mars, dans l'après-midi, le rôle de M. Lullier se dessine complétement. Appelé par le Comité central, il en reçoit le commandement en chef de la garde nationale, fonctions qu'il n'aurait, prétend-il, acceptées que sur l'exposition du programme suivant :

1° Levée de l'état de siége ;

2° Élection par la garde nationale de tous ses chefs, y compris le général ;

3° Pour la ville de Paris, les franchises municipales, c'est-à-dire le droit pour les citoyens de nommer eux-mêmes leurs magistrats municipaux et de se taxer eux-mêmes par cet intermédiaire.

En recevant sa nomination, il posa comme condition qu'on lui laisserait toute l'initiative. Nous le voyons à l'œuvre avec un zèle qui ne s'est jamais ralenti jusqu'à son arrestation du 22 mars. Entraînant les bataillons qu'il rencontra dans le quartier du Temple, il arrive sur la place de l'Hôtel de ville, déjà cernée par de nombreux gardes nationaux. Par ses ordres, « des barricades s'élevèrent dans la rue de Rivoli, où il « masse des insurgés, laissant, suivant lui, à dessein « la ligne des quais libres, pour faciliter le départ du « régiment logé à la caserne Napoléon. Ce régiment « partait pour Versailles à dix heures et demie du soir.

« A onze heures, il fait occuper l'Hôtel de ville et la caserne Napoléon par Brunel, commandant insurgé.

« A minuit, il s'empare de la préfecture de police.

« A une heure, des Tuileries.

« A deux heures, de la place de Paris.

« A quatre heures, il est prévenu par Duval que les

ministres sont rassemblés au ministère des affaires étrangères. « J'aurais pu les cerner, dit-il, la présence « de M. Jules Favre excita mes scrupules ; je me con- « tentai de faire occuper fortement la place Vendôme « et la place de l'Hôtel-de-Ville, en les couvrant de « barricades et en y conduisant de l'artillerie. »

Le 19 et le 20, il fit occuper successivement les mi- nistères, les sept points stratégiques de la rive droite et les quatre de la rive gauche. En même temps, le 20, à minuit, il envoie vingt-deux bataillons occuper les forts abandonnés, moins le Mont-Valérien.

Il allait s'occuper activement de neutraliser l'action de ce dernier fort, lorsqu'il fut arrêté sur les ordres du Comité, qu'il avait mécontenté par ses idées dicta- toriales.

Dix jours après, il s'évade du dépôt de la préfecture, où il était écroué.

Dans sa relation historique des journées de mars, M. Lullier ne fait aucune mention de la tentative d'em- bauchage essayée par lui sur les officiers et soldats du 43e, dans le jardin du Luxembourg, le 21 du mois. Nous allons réparer cet oubli en nous aidant du té- moignage d'un officier du régiment, le capitaine Jallu, qui a assisté à l'entrevue du général improvisé de la garde nationale et du commandant Périer.

M. Lullier arrive au Luxembourg à la tête de plu- sieurs bataillons ; il s'adresse aux officiers et soldats rassemblés autour de leur commandant, M. Périer, et des autres officiers présents, et leur dit : « Je suis le général commandant en chef toutes les gardes natio- nales de Paris, et Paris est la force de la France ; je suis donc le seul dispensateur des grades et récom- penses. Il y a déjà trop longtemps que vous êtes ici, vous êtes une menace pour l'ordre, je viens vous sommer de rendre vos armes. » M. Lullier termina son discours en faisant des promesses de grades et de solde. M. le commandant Périer refusa de rendre ses armes : « L'arme, dit-il, est l'honneur du soldat, et nous la conserverons, dussions-nous nous battre. »

M. Lullier répondit qu'il comprenait cette raison et laissa aux soldats le choix entre le commandant et lui. Ils annoncèrent tous qu'il n'abandonneraient pas leur commandant, ce qui décontenança beaucoup M. Lullier. M. le commandant Périer l'avertissant qu'il emmenait aussi une demi-batterie confiée à sa garde, le général de la garde nationale s'emporta, menaçant de livrer bataille, « cette bataille dût-elle coûter 100,000 hommes ». Enfin, il donna jusqu'au lendemain à midi pour réfléchir Le régiment partit le 2, à cette heure-là, sans être inquiété.

Cette tentative, dans laquelle M. Lullier montra une grande exaltation et parla sur un ton menaçant, constitue le fait d'embauchage prévu par les lois militaires.

Nous ne saurions trop louer l'attitude énergique de M. Périer, commandant le 43e, et la discipline de ce régiment fidèle à la cause de l'ordre.

La vie officielle de M. Lullier sous la Commune se termine à peu près le jour de son incarcération à la Conciergerie ; cependant son nom reparaît encore le 14 avril comme celui du chef de la flottille des canonnières. Dans une lettre très-mordante écrite en réponse à une lettre anonyme, il se plaint qu'on n'a pas suivi ses conseils au sujet de l'emploi de la flottille et décline la responsabilité de sa direction.

Furieux contre le Comité central et contre la Commune d'avoir été prévenu par ceux qu'il voulait envoyer à Mazas, il leur fait une opposition continuelle par ses écrits et ses discours dans les réunions pu-

bliques, et se fait arrêter par eux au club Saint-Eusta-
che; il est enfermé à Mazas, d'où il s'évade peu de
jours après.

Dès ce moment, l'ancien général de la garde nationale rebelle se met en relations avec Versailles par
l'entremise de M. Camus, ingénieur des ponts et chaussées, et de M. le baron Duthil de la Tuque, qui con-
viennent avec lui d'organiser une contre-révolution.

Pendant cette autre période de l'existence de M. Lullier à Paris, il s'occupe activement de son projet, espé-
rant ainsi faire oublier sa part active dans l'insurrection du 18 mars, et mettant pour condition qu'on le
laisserait partir lui et ses complices Gavier d'Albin et
de Bisson, sans les inquiéter. 2,000 francs ont été
donnés par M. Camus pour solder les frais de la con-
spiration, et M. Lullier, chef du mouvement, devait
présenter, après l'exécution, un compte évalué approxi-
mativement par M. Camus à 30,000 francs. Le chef du
complot devait faire arrêter les membres de la Commune et ceux du Comité central, les envoyer à Mazas
et renvoyer les otages à Versailles. Le plan a échoué,
d'après M. Lullier, parce que le prétexte attendu pour
agir ne s'est pas présenté; d'après M. Camus, parce que
ce dernier a été arrêté par les insurgés. Il s'ensuit que
les conventions n'ont plus de raison d'être.

A cette relation des actes de M. Lullier sous le Comité central et la Commune nous n'ajouterons que
peu de commentaires. L'accusé fait partie de cette catégorie d'hommes politiques qui se sont fait une religion des principes révolutionnaires. Ses relations in-
times avec Flourens et Rochefort le prouvent par les
doctrines exaltées qu'elles prennent pour base. C'est
un homme violent dans son parti, et, quoiqu'il prétende avoir évité l'effusion du sang, son caractère bien

connu par ses emportements, ainsi que les dispositions menaçantes prises par ses ordres les 18, 19, 20 et 21 mars, prouvent qu'il n'aurait pas hésité à combattre, comme il l'a dit lui-même, dans le jardin du Luxembourg.

Si, vers la fin de la Commune, il a essayé de servir l'autorité légitime, sa rancune contre les hommes qui n'avaient pas voulu de sa dictature et des motifs de sûreté personnelle l'ont seuls animé. Enfin, son exaltation révolutionnaire, son intelligence des moyens à employer dans une insurrection, et l'importante position qu'il a occupée dans celle du 18 mars, le rangent parmi les grands coupables qui ont préparé et conduit l'exécrable attentat qui vient d'ensanglanter la France.

En présence de ces faits, notre avis est que M. Lullier doit être traduit devant le conseil de guerre, pour avoir :

1° Participé à un attentat ayant pour but de changer la forme du gouvernement, et d'exciter les citoyens à s'armer contre l'autorité de la République ;

2° Participé à un attentat dont le but était d'exciter les citoyens à s'armer les uns contre les autres, et de porter la dévastation, le massacre et le pillage dans la ville de Paris ;

3° Levé ou fait lever des troupes armées, engagé et enrôlé des soldats, leur avoir fourni et procuré des munitions et des armes sans autorisation du pouvoir légitime ;

4° Pris le commandement d'une troupe armée sans droit légitime ;

5° Dans le but d'envahir les domaines, propriétés, villes, forteresses, postes, magasins, arsenaux, bâtiments appartenant à l'État, et dans le but de faire attaque et résistance envers la force publique agissant

contre les auteurs de ces crimes, avoir pris le commandement de bandes armées ;

6° Provoqué des militaires à passer aux rebelles armés, et leur en avoir sciemment facilité les moyens,

Crimes prévus par les articles 87, 91, 92, 93, 96, du
Code pénal, et l'article 208 du Code de justice militaire.

Versailles, le 6 juillet 1871.

*Rapport sur l'affaire du nommé Paul-Émile-Barthé-
lemy-Philémon* **Rastoul,** *trente-six ans, docteur en
médecine,* 109, *boulevard Magenta, né le 1er octobre
1835, à Thezan arrondissement de Béziers (Hérault).*

Le nommé Paul Rastoul est l'ancien président du
fameux club des Montagnards.

Ce club, comme on le sait, était un des plus réputés
dans Paris. De là sont sorties les idées les plus commu-
neuses et les germes de ce gouvernement qui, s'intitu-
lant la Commune, devait bientôt produire les actes les
plus atroces et les plus barbares que l'intelligence
humaine puisse avoir rêvés.

Rastoul était administrateur de la mairie du dixième
arrondissement lorsque, le 26 mars, le Comité central
exigea les élections municipales immédiates dans les
divers arrondissements de Paris. Rastoul, s'étant présenté dans son arrondissement, fut élu. C'est de cette
époque que datent les différentes fonctions officielles
qu'il a remplies durant la Commune, dont il est devenu
un membre des plus zélés et des plus acharnés.

Rastoul s'en défend avec audace; il prétend n'être
resté que le simple conseiller de son arrondissement;

que ses actes prouvent suffisamment qu'il était constamment en lutte avec ses collègues, et qu'en conséquence il n'est responsable de rien.

Pour nous, la persistance qu'il met à discuter dans les séances de la Commune prouve les efforts qu'il a faits pour maintenir et établir sur des bases solides le gouvernement de l'Hôtel de ville. Il ne néglige rien, en effet, pour y arriver ; il se croit avec raison un homme intelligent, pouvant rendre des services à ce gouverment qui rentre tout à fait dans ses idées politiques.

En effet, le 28 mars, six jours après son élection, il s'agit de distribuer aux membres de la nouvelle assemblée leur part de travail dans la gestion des affaires de la Commune ; des commissions se forment, Rastoul se fait nommer membre de celle attachée aux services publics.

Rastoul prétend encore n'avoir jamais été un membre actif de cette commission. Nous rappelons, à cet effet, la proclamation au peuple de Paris faite au nom des membres de la Commune, et qui a été affichée le même jour (30 mars) que la formation des commissions.

Le 2 avril paraît un avis signé Rastoul, qui enjoint aux employés de revenir prendre leurs fonctions à la commission des services publics.

Le 10 avril, Rastoul se fait nommer inspecteur général du service des ambulances, et porte, de son aveu, un costume militaire en rapport avec son grade.

Le 24 avril, paraît un arrêté signé Rastoul, et concernant les ambulances.

Le 22, il était mis à la tête d'un service spécial pour l'inhumation des cadavres.

Enfin, le 27 avril seulement, il donne sa démission d'inspecteur général des ambulances, démission survenue à la suite d'une discussion avec le général Dombrowski, à propos de son service.

Rastoul se garda bien de donner sa démission de membre de la Commune, quoiqu'il prétende cependant être toujours en opposition avec ses collègues : c'est qu'en effet, le service des ambulances n'est pas l'objet essentiel de ses préoccupations ; ce qu'il y a de plus sérieux pour lui, c'est de pouvoir apporter ses lumières et un concours assidu dans les discussions de l'assemblée de la Commune ; aussi conserve-t-il son mandat de membre élu.

Rastoul ne prend pas part seulement aux actes qui doivent surgir de l'assemblée des membres de la Commune, nous le voyons aussi adressant aux journaux des lettres et des articles, entre autres au *Mot d'ordre* et au *Vengeur*.

Nous avons sous les yeux un manuscrit adressé au rédacteur du journal *Paris libre*, avec une lettre-prière d'insérer, et signée : « Rastoul, membre de la Commune pour le dixième arrondissement. »

Il se trouve encore au dossier un autre manuscrit adressé aux citoyens membres du comité de salut public et aux citoyens membres de la Commune. Évidemment, ce manuscrit était destiné à être imprimé. Rastoul, voyant la partie perdue, propose de faire masser les bataillons en armes à Belleville et Ménilmontant. Là, les membres de la Commune, revêtus de leurs insignes, iront tous se placer sous la protection des Prussiens, et leur demanderont les moyens de les transporter en Amérique.

Rastoul ne peut donc nier sa coopération active à tous les actes de la Commune, soit par des faits ou par des écrits ; il est responsable, comme membre de la Commune, des divers décrets ou arrêtés qui ont été produits et qui ont reçu leur exécution. Nous citerons entre autres les décrets relatifs :

1° A la démolition de la colonne Vendôme, 12 avril : il était présent à la séance, il avoue être partisan du principe en lui-même ;

2° Le décret relatif à la reprise des biens immobilisés du clergé, et à la suppression du budget des cultes ;

3° Le décret relatif à la maison de M. Thiers ;

4° Le décret relatif aux otages. Il était également présent à la séance dans laquelle ce décret a été voté.

Rastoul prétend qu'il n'était pas membre de la Commune, mais simple membre du conseil de la chambre communale.

Rastoul a, sans doute, oublié que le traitement affecté aux membres de la Commune était fixé à 15 fr. par jour, qu'il touchait ces 15 fr.

Il ne peut nier les lettres qu'il a adressées au *Mot d'ordre*, et signées toutes deux : « Rastoul, membre de la Commune. »

Rastoul prétend encore n'avoir pas suivi exactement les séances de l'assemblée de la Commune, et qu'il y allait rarement. Pour ne citer qu'une séance entre toutes, nous lui rappellerons qu'il était présent à une des dernières, celle du 21 mai, où fut discutée la mise en accusation de Cluseret. Dans cette séance, et à ce propos, Rastoul prit la défense de Cluseret avec énergie, et demanda sa mise en liberté immédiate.

Note. — Quoique ce ne soit pas le cas de citer ici les faits qui suivent, nous rappellerons néanmoins, comme simple remarque bonne à noter, qu'il existe parmi les pièces à charge contre Cluseret une plainte d'un certain Verlet, chef du 192° bataillon, qui prouve que la ommune se servait de bombes à pétrole. Un des passages de cette note porte ceci : « Pas moyen d'avoir de bombes à pétrole pour mettre le feu là où cela était utile; obligé de faire mettre le feu avec des allumettes.»

Rastoul a donc bien été membre de la Commune; comme tel, il a discuté les actes de ce gouvernement, dont le but était de se maintenir et de faire disparaître le gouvernement régulier issu du suffrage universel. En conséquence, il est sous l'inculpation de provocation à la guerre civile, usurpation de pouvoir, port illégal de costume militaire, excitation et coopération à la destruction des monuments publics, dissipation des deniers de l'État, et responsable, comme auteur principal et comme complice, de tous les actes de la Commune qui ont reçu leur exécution.

Crimes et délits prévus par les articles suivants du Code pénal, 59, 60, 87, 88, 91, 96, 257, 258, 259, 295, 296, 297, 341, 342, 434, 437, 439, 440.

En conséquence, notre avis est que le nommé Paul-Émile-Barthélemy-Philémon Rastoul, doit passer devant un Conseil de guerre.

Versailles, le 20 juillet 1871.

Rapport sur l'affaire du nommé Paschal Grousset, *homme de lettres, né à Corte (Corse), le 7 avril 1844, demeurant à Paris, avenue Trudaine, 2.*

Le nommé Paschal Grousset, homme de lettres et journaliste, a collaboré à la rédaction de plusieurs journaux révolutionnaires, entre autres *la Marseillaise*, dont il a pris la direction le 4 septembre, et au journal *le Peuple*, dont il est le fondateur. Pendant le siége,

Grousset fréquentait les réunions publiques, où il atta-
quait constamment le gouvernement.

Comme rédacteur en chef du journal *l'Affranchi*, pendant la Commune, il a fait paraître dans cette feuille
des articles d'une violence extrême, entre lesquels nous
rappellons celui-ci :

Les Papalains et autres nourrissons des prêtres ont été les
premiers à l'attaque de Paris.

Paris leur répond en reprenant les biens immobilisés par
les prêtres et en supprimant le budget des cultes.

Guerre à mort. Constatons-le, c'est la monarchie qui a tiré
la première.

Mais, le sabre tiré, que Paris ne s'arrête plus ; qu'il accepte
jusqu'au bout la mission qui est son honneur et sa raison
d'être, et devant laquelle un instant il a songé à se dérober.

Qu'il en finisse, d'un coup, avec ce passé impitoyable qui
se dresse à chaque pas, menaçant et railleur, en face de
l'avenir ; qu'il écrase à jamais cette réaction avide, à laquelle
il abandonnait lâchement une proie, et ne s'en contente
jamais.

Qu'il ne recule devant rien pour assurer sa victoire.

Signé : Paschal Grousset.

Paschal Grousset a été élu membre de la Commune
dès le début ; et, lors de la formation des commissions,
il fut désigné pour celle des relations extérieures, et
choisi par ses collègues de cette commission comme
délégué principal. Il fut également membre de la
commission exécutive, qui, on le sait, était composée
des principaux délégués des diverses commissions.

Grousset s'est toujours fait remarquer par des idées
anticonciliatrices, et l'on peut dire qu'il a été un des
membres les plus intolérants de la Commune. Il a voté
pour la formation du comité de salut public.

Dans un premier interrogatoire, Grousset a répondu à quelques questions qui lui ont été posées. Nous nous étions réservé de l'interroger longuement sur le rôle qu'il a joué pendant la Commune. Appelé par nous le 18 juin à cet effet, il a refusé de répondre à toute question, et nous a avoué qu'il avait adopté cette règle dont il ne se départirait pas.

La lecture des pièces de son dossier nous a amené à faire un recueil de notes et d'observations qui devaient entraîner les questions à poser à l'inculpé; nous croyons utile de les transcrire dans notre rapport, pour faciliter les recherches et l'interrogatoire de Grousset à l'audience. Les voici :

Membre de la Commune.

Délégué principal aux relations extérieures.

Membre de la Commission exécutive.

Son entrée dans la commission des relations extérieures.

Organisation de son service et de son personnel.

Quel traitement touchait-il personnellement?

Qui réglait la solde des divers employés et comment se faisait-elle? (A ce propos, parler des feuilles d'émargement qui ne sont vérifiées ni approuvées par personne, sans signature de contrôle.)

Sa comptabilité au ministère. Au dossier se trouvent quelques pièces et des reçus signés d'un certain Kunemann, formant un ensemble de 29,657 fr. 10 c.

Quel est ce Kunemann?

Soustraction de dossiers appartenant au ministère des affaires étrangères, ainsi que d'un portefeuille portant en titre: « Ministère des affaires étrangères. » La patte qui se relie avec la serrure a été coupée pour pouvoir soustraire les pièces que renfermait ce portefeuille. Nous savons que ce portefeuille a appartenu M. de Moustier.

Circulaire adressée par Paschal Grousset aux représentants des diverses nations à Paris, pour les prier d'inviter leurs gouvernements respectifs à reconnaître la Commune.

Correspondance avec le général prussien Fabrice. Pourquoi et dans quelles conditions?

Demander l'explication du contenu d'une lettre signée Eug. K..., par laquelle on l'informe de la présence d'un officier prussien à la barrière de Charenton, et réclamer la présence d'un membre de la Commune. Pour nous, Eug. K... signifie Eugène Kunemann.

Demander l'explication d'une lettre adressée au colonel commandant de Vincennes.

Pourquoi, parmi les divers papiers saisis chez lui, s'en trouve-t-il un assez grand nombre venant du ministère de la guerre de la Commune, ce qui indiquerait une coopération dans les affaires de la guerre?—Voir, à ce sujet, la lettre de Pinparé, qui demande un rendez-vous, des munitions et de l'argent pour l'accomplissement d'un certain projet.

Explication sur un inventaire, en sa possession, de l'argenterie de la Commune. — Que sont devenues ces pièces d'argenterie?

Explication sur la perquisition faite chez M. Feuillet de Conches le 8 mai 1871. Qui l'a ordonnée? Que sont devenus les objets trouvés dans un bureau, glands et torsades d'or, sachets, croix et crachats? Pourquoi a-t-il en sa possession des dossiers provenant du ministère de l'intérieur, du ministère des affaires étrangères, de l'ex-préfecture de police, concernant principalement les familles Grousset, Rochefort et Pierre Bonaparte?

N'a-t-il pas été délégué aux finances, comme le ferait supposer une pièce du ministère de la guerre à l'adresse de M. Paschal Grousset, délégué aux finances, et datée du 30 avril?

Il a attaché à son service des personnes qui ne peuvent que lui prouver leur dévouement au parti qu'il défend et qu'il sert énergiquement, entre autres son frère Louis Grousset, le nommé Lacoste, son tailleur; la fille Acard, sa maîtresse, et un nommé Alard, ami de Lacoste.

Explication sur les passe-ports étrangers qui se délivraient au ministère des affaires étrangères.

Dans quel but a-t-il un laissez-passer?

Dans quel but a-t-il envoyé sa maîtresse (voilée) chez Lacoste pour lui remettre quatre liasses de billets de banque neufs, s'élevant ensemble à 1,600 francs? D'où provient cet argent?

Demander des explications sur le projet de traité pour la démolition de la colonne Vendôme, présenté par un nommé J. Iribe, ami de Grousset, projet qu'il soumet à l'approbation de Grousset et des membres de la commission exécutive. (Voir la lettre de J. Iribe à l'inculpé, scellé n° 4.) L'entreprise devait se faire moyennant 28,000 francs payés de suite et en espèces.

Séance du 17 mai. Grousset affirme dans un discours que tous les membres de la Commune doivent être responsables de leurs actes, et qu'ils le sont de fait. (Chapelle expiatoire, colonne Vendôme, maison de M. Thiers, incendies, otages.) A cette date se rapporte également la proclamation de Grousset aux grandes villes, et qui est un appel général aux armes dans toute la France. Relations politiques de Grousset avec son père pendant la Commune. (Grousset père partage les idées de son fils.)

Parler de la réquisition faite le 13 avril 1871 chez MM. Gratiot père et fils, rue Hautefeuille, 9, pour fourniture de cent rames de papier grand format. Rappeler la plainte de ces messieurs, qui n'ont reçu que 1,500 fr. sur 3,250 qui leur sont dus.

Quoique le nommé Paschal Grousset se soit refusé à répondre, et que, par suite, il en résulte des difficultés pour établir notre rapport, le résultat de l'étude des pièces du dossier nous a permis d'en déduire que Paschal Grousset a été l'un des membres les plus ardents et les plus convaincus du gouvernement issu de l'insurrection.

Il a été successivement nommé membre de la Commune, délégué aux affaires extérieures et membre de la commission exécutive Il est, en conséquence, responsable de tous les actes qui se sont produits pendant l'insurrection, et lui même, dans la séance du 17 mai, affirme cette responsabilité pour chacun des membres de la Commune.

Paschal Grousset est donc inculpé des crimes et délits suivants :

1° Participation active à l'insurrection :

2° Excitation à la guerre civile ;

3° Usurpations de fonctions ;

4° Provocation publique à la désobéissance aux lois ;

5° Excitation publique à la haine et au mépris des citoyens les uns contre les autres, dans le but de troubler la paix publique ;

6° Complot pour changer la forme du gouvernement ;

7° Excitation à la guerre civile en portant les citoyens à s'armer les uns contre les autres, et qui ont eu pour résultat la dévastation, le massacre, le pillage et l'incendie ;

8° Manœuvres pratiquées à l'intérieur dans le but de

9

troubler la paix publique et d'exciter à la haine et au mépris du gouvernement issu du suffrage universel,

Crimes et délits prévus par les articles suivants du Code pénal : 59, 60, 87, 88, 89, 91, 96, 255, 257, 258, 259, 260, 295, 296, 297, 302, 341, 342, 344, 381 4°, 393, 396, 434, 437, 439, 440, les articles 1, 2, 4, 7, du décret du 11 août 1848.

En conséquence, notre avis est que le nommé Pas chal Grousset doit passer devant un Conseil de guerre.

Versailles, le 20 juillet 1871.

Rapport sur l'affaire du nommé Augustin-Joseph Verdure, *caissier comptable, âgé de quarante six ans.*

Verdure s'occupe depuis longtemps de la question ouvrière; c'est un philanthrope utopiste, épris de théories entrevues, pas assez intelligent pour voir au delà d'un cercle très-borné, et qui, inconsciemment, a contribué au désordre social actuel. Il est affilié depuis le mois de septembre 1870 à l'Internationale, à cette odieuse société secrète, l'ennemie jurée de toute civilisation. Verdure, ancien caissier de *la Marseillaise*, est très-connu dans le parti démocratique exagéré; ses antécédents le firent nommer à la Commune.

Comme membre de la Commune, Verdure vota et fut toujours avec la majorité; il suit les séances assidûment jusqu'au 20 avril; après cette date, il s'occupe surtout des services administratifs du onzième arrondissement, où il est délégué; il ne vient plus aux séances que lorsque sa présence y est réclamée; mais Verdure est là pour voter avec la majorité toutes les propositions et décrets qui forment le bilan criminel de la Commune.

Il est donc établi que Verdure a volontairement coopéré aux travaux de la Commune et qu'il a engagé volontairement sa responsabilité pour tous les actes et décrets de cette assemblée contre les otages, pour la destruction de la maison de M. Thiers, de la colonne Vendôme, le pillage des églises, et enfin les massacres et les incendies des derniers jours.

En conséquence, nous sommes d'avis d'ordonner la mise en jugement du sieur Verdure, caissier comptable, pour :

1° Usurpation de fonctions administratives, judiciaires et militaires ;

2° Séquestrations arbitraires ;

3° Avoir participé à un attentat ayant pour but de changer le gouvernement et d'exciter à la guerre civile en armant ou en portant les citoyens ou habitants à s'armer les uns contre les autres, et de porter la dévastation, le massacre et le pillage dans la ville de Paris ;

4° Destruction volontaire de maisons particulières et de monuments appartenant à la nation ;

5° Pillage des églises en bande et à force ouverte ;

6° Assassinat, ayant voté l'exécution de la loi sur les otages,

Crimes prévus et punis par les art. 87, 91, 93, 302, 341 et suivants, 437 et 440 du Code pénal ordinaire.

Versailles, le 17 juin 1871.

Rapport sur l'affaire du nommé Paul Ferrat, *homme de lettres, âgé de quarante-cinq ans, né à Bastia (Corse).*

Ferrat, homme de lettres, était inconnu dans la politique avant le siége; pendant cette période, il fréquente plusieurs clubs, y est écouté et conquiert une certaine influence. Comme garde national, il est délégué de sa légion au Comité central et participe aux actes de ce comité à compter du 16 mars. Nous savons comment opéra le Comité central.

Après l'attentat du 18 mars, Ferrat fut délégué comme maire au sixième arrondissement; il se retira après les élections de la Commune.

Dans les premiers jours d'avril, il est élu chef de bataillon par le 80ᵉ, lequel fut envoyé à Issy aussitôt son chef reçu.

A Issy, Ferrat fut nommé chef d'état-major de la place. Le 22 avril, Ferrat fut arrêté par les ordres du délégué à la guerre dans le local des séances du Comité central, au milieu de ses collègues. Le chef du 80ᵉ bataillon obtint sa liberté grâce à l'intervention de ses officiers, après une quinzaine de jours d'internement. Le 6 mai, Ferrat et sa troupe rentrent à Paris; presque aussitôt ils sont envoyés à la porte Maillot, puis au parc Wagram, et le 22, rentrent dans leur quartier à Ménilmontant.

Ferrat prétend avoir agi sur son bataillon pour le décider à cesser la lutte lorsque les troupes régulières arrivèrent dans son quartier; il assure avoir réussi.

Ferrat s'intitule homme de lettres; nous le croyons plutôt un de ces nombreux déclassés qui n'ont point accepté la condition de leurs familles, et s'en vont, tout en paressant, à la recherche d'une position. Il est bien certain que Ferrat était pour la Commune, car, pour lui, c'était arriver avec peu d'efforts au but désiré. Ferrat est de tempérament énergique; il devait se faire obéir.

De tout ce qui précède il résulte que Ferrat, comme

membre du Comité central, a : 1° commis un attentat ayant pour but de détruire ou changer le gouvernement ; 2° usurpation de fonctions ; comme chef de bataillon, il a porté les armes contre la France.

En conséquence, nous sommes d'avis qu'il y a lieu d'ordonner la mise en jugement du nommé Ferrat, coupable de délits et crimes prévus et punis par les art. 59, 60, 87 et 258 du Code pénal ordinaire, et par l'art. 204 du Code de justice militaire.

Versailles, le 26 juillet 1871.

Rapport sur l'affaire du nommé Baptiste **Descamps,** *mouleur en fonte, âgé de trente-sept ans, né à Figeac (Lot-et-Garonne).*

Descamps, sans profession bien établie pour le présent, était autrefois mouleur en fonte.

Dès avant le siége de Paris, il était membre de la chambre fédérale des Sociétés ouvrières. Qu'est cette chambre ? Descamps prétend n'avoir aucune attache à l'Internationale. A-t-il pressenti un danger à avouer son affiliation, ou réellement cette chambre est-elle étrangère à la terrible association ? Nous n'avons pu le découvrir.

Descamps a été élu membre de la Commune dans le 14e arrondissement, il a peu suivi les séances de la Commune, n'a jamais pris la parole, et il ne nous est arrivé aucune accusation de violence et d'arbitraire à sa charge. Ce qui paraît le mieux établi chez cet homme, qui ne semble avoir aucune vigueur ni aucune des capacités nécessaires à l'action, c'est qu'il se

9.

trouvait bien de toucher le traitement de membre de la Commune et de jouir des priviléges attachés à ce titre. Il a bien été parfois effrayé de la responsabilité et aurait, dit-il, donné sa démission par deux fois, démission qu'il dut retirer au premier froncement de sourcil du plus débonnaire de ses collègues. Quant à la dernière démission, à peine présentée, elle aurait été remise dans son pupitre.

Descamps a dû, comme ses autres collègues, toucher les 1,000 francs distribués par Jourde le 23, à l'Hôtel de ville, les 24 et 25 à la mairie du onzième arrondissement. Descamps le nie; comment a-t-il su que ses collègues s'étaient alloué cette somme? Comment a-t-il su que le 25 ils se trouvaient à la mairie du onzième arrondissement, où il est allé, lui qui prétend avoir vécu complétement en dehors de la Commune?

Descamps cèle la vérité. — Descamps, bien humble aujourd'hui, cache-t-il quelque chose à la justice?

Nous ne pourrions l'assurer; mais si, comme il l'assure, il n'a à se reprocher aucune de ces violences que se permettaient beaucoup de ses collègues, il ne s'en est pas moins mis ouvertement en hostilité avec le gouvernement de son pays, puisqu'il était avec les rebelles. Il a été maire du quatorzième arrondissement : il nous semble, avec ses faibles moyens, avoir fait pour le mieux.

De ce qui précède il résulte que Descamps s'est rendu coupable :

1° D'usurpation de toutes les fonctions judiciaires, militaires et administratives;

2° Participation à un attentat ayant pour but de détruire le gouvernement;

3° Participation à l'attentat d'excitation à la guerre civile en portant les citoyens ou habitants à s'armer les uns contre les autres, soit de porter la dévastation, le massacre et le pillage dans plusieurs communes.

En conséquence, nous sommes d'avis qu'il y a lieu d'ordonner la mise en jugement du sieur Descamps, coupable de délits et crimes prévus et punis par les art. 59, 60, 87, 91 et 258 du Code pénal ordinaire.

Versailles, 26 juillet 1871.

Rapport sur l'affaire du nommé Joseph-Victor Clément, *teinturier*.

Clément, ouvrier teinturier, a été membre de la Commune le 26 mars, et, quelques jours plus tard, placé à la commission des finances.

Clément, loin de s'associer aux actes de violences et d'arbitraire de la Commune, a toujours et courageusement protesté; il a rempli honnêtement les fonctions de maire dans le quinzième arrondissement.

Clément, désapprouvant les actes de la Commune de Paris et se refusant à les accepter, a voulu donner sa démission le 15 avril; il eût eu certainement l'énergie de poursuivre sa résolution s'il n'avait cédé aux prières de ses administrés, qui se sentaient protégés par sa présence.

La justice examinera les actes de Clément, estimera sa courageuse abnégation, et prononcera.

Pour nous, Clément, en acceptant de faire partie d'un gouvernement ouvertement en rébellion avec celui de son pays, a participé à l'attentat ayant pour but de changer ou détruire le gouvernement régulier; il a commis toutes les usurpations de ce pouvoir.

En conséquence, nous sommes d'avis qu'il y a lieu

d'ordonner la mise en jugement du sieur Clément,
coupable des délits et crimes punis et prévus par les
art. 59, 60, 87 et 258 du Code pénal.

Versailles, le 26 juillet 1871.

Rapport sur l'affaire du nommé Gustave Courbet,
peintre, membre de la Commune.

Le sieur Courbet, nommé directeur des beaux-arts
le 4 septembre, fut maintenu à ce poste par le gouvernement de l'insurrection. Élu à la Commune comme
délégué à la mairie du sixième arrondissement, il y
entra le 26 avril.

Le 1er mai, il vota contre la dénomination de comité
de salut public donnée au nouveau comité formé dans
la Commune, préférant le nom de comité exécutif.
A la fin de la discussion engagée à ce sujet, il protesta
contre les titres empruntés à la première révolution,
qui ne convenaient « plus au mouvement social républicain ».

Le 12 mai, il demanda ce qu'il fallait faire des
objets d'art pris dans la maison de M. Thiers, s'il devait les envoyer au Louvre, ou les faire vendre publiquement; il fut alors nommé membre de la commission nommée à cet effet.

Le 30 avril, il avait signé la déclaration de la minorité protestant contre l'enlèvement de la responsabilité aux membres de la Commune en faveur du
comité de salut public.

On y trouve les phrases suivantes : « La Commune
doit au mouvement révolutionnaire politique et social
d'accepter toutes les responsabilités et de n'en décli-

ner aucune, quelque dignes que soient les mains à qui on voudrait les abandonner. »

Et plus loin : « La question de la guerre prime en ce moment toutes les autres ; nous irons prendre dans nos mairies notre part de la lutte décisive soutenue au nom du droit des peuples. »

Ces paroles, l'acceptation par le sieur Courbet de son mandat de membre de la Commune et ses fonctions de délégué à la mairie du sixième arrondissement. pendant toute l'insurrection, prouvent suffisamment la part active prise par lui dans la révolte du socialisme contre la société établie.

Quoique la signature du sieur Courbet ne se trouve pas au bas des décrets de la Commune, et qu'après la déclaration de la minorité il se soit occupé particulièrement de sa mairie et de ses fonctions de directeur des beaux-arts, il n'en a pas moins, dans certaines limites, sa part de responsabilité, n'étant pas démissionnaire.

Le 13 avril avait été décidé le renversement de la colonne Vendôme. Dans une séance de la Commune, le 27 du même mois, le *Moniteur officiel* de l'insurrection rapporte une discussion dans laquelle le sieur Courbet prit la parole pour demander l'exécution du décret. Il nie énergiquement cette accusation, s'appuyant d'abord sur ce que ce décret avait été voté avant son admission dans la Commune, et sur les démarches qu'il avait faites sous le gouvernement du 4 septembre, non pas, dit-il, pour demander le renversement de la colonne, mais son transférement sur l'esplanade des Invalides, l'emplacement actuel ne lui étant pas favorable. Il avait, du reste, dans cette circonstance, employé l'expression de déboulonner, et non de démolir. Il affirme aussi que l'*officiel* a dénaturé ses paroles à la Commune. Enfin, il dit avoir proposé au gouvernement de rétablir la colonne à ses frais, si l'on peut établir qu'il a été cause de sa démolition.

L'accusé explique sa conduite, à l'époque de la démolition de la maison de M. Thiers, de la manière suivante : « Je suis arrivé trop tard à la maison de M. Thiers pour que mon intervention fût utile, les objets étaient déjà emballés par les hommes du Garde-Meuble et les délégués à cet effet. Je reprochai à ces messieurs de n'avoir pas fait l'inventaire. En parcourant les appartements vides, j'aperçus dans les plâtras de la démolition qui commençait deux petites figurines en terre cuite, d'origine antique ; supposant que ces objets pouvaient être la matière d'un souvenir pour leur propriétaire, je m'en emparai en les enveloppant dans du papier, afin de les rendre à qui de droit lorsque cela me serait possible, les autres objets étant déjà à destination »

Un rapport du chef du poste des gardes nationaux placés à la porte du musée de Cluny signale la sortie de ce musée, à la date du 2 mai, de six colis contenant tableaux, statues et objets d'art.

Le sieur Courbet s'opposa au départ de ces colis avant vérification faite par des gens compétents.

L'accusé répond à notre demande d'explications en nous disant : « Que M. Dusommerard, directeur du musée, étant à Londres, et voulant faire une exposition des œuvres d'artistes modernes, avait eu la malheureuse idée de faire emballer ces œuvres dans la cour du musée de Cluny ; que lui, étant responsable des musées, n'avait pas voulu laisser partir ces colis sans avoir dûment constaté leur provenance »

Au moment où les troupes régulières entrèrent à

Paris, le sieur Courbet se retira chez un ancien ami, où il demeura trois semaines.

En conséquence, notre avis est que le nommé Gustave Courbet soit traduit devant le Conseil de guerre, pour avoir :

1° Participé à un attentat ayant pour but de changer la forme du gouvernement et d'exciter les citoyens à s'armer les uns contre les autres ;

2° D'avoir usurpé des fonctions civiles ;

3° Pour s'être rendu complice de la destruction d'un monument, la colonne Vendôme, élevée par l'autorité publique, en aidant ou assistant avec connaissance de cause les auteurs de ce délit dans les faits qui l'ont préparé, facilité et consommé,

Crimes prévus et punis par les art. 87, 88, 91, 96, 237, 258, du Code pénal ordinaire, et de la loi du 27 février 1858.

Versailles, le 25 juillet 1871.

Rapport sur l'affaire du nommé Ulysse Parent, *artiste dessinateur, âgé de quarante-trois ans, né à Paris.*

Le nommé Ulysse Parent a été nommé membre de la Commune le 26 mars ; il fut attaché à la Commission des relations extérieures dont Grousset était le délégué principal.

Le 5 avril, il donna sa démission. L'inculpation la plus grave qui pesait sur lui était l'incendie du quartier de la Bourse. En effet, un ordre écrit et signé Parent, se trouve au dossier de cet inculpé

Pour nous convaincre que Parent était bien l'auteur

de cet ordre, nous le lui avons fait transcrire en triple expédition, afin d'établir les rapports qui pouvaient exister entre son écriture et l'original incriminé.

Le tout a été confié à un expert, M. Delarue, commis à cet effet par nous ; les conclusions du rapport de cet expert établissent qu'il n'existe aucune relation entre l'écriture de Parent, sa signature et la pièce originale manuscrite. Parent ne peut donc être considéré comme son auteur.

Néanmoins, Parent a été membre de la Commune pendant onze jours ; il est donc responsable des décrets et actes de ce gouvernement pendant ce laps de temps, par conséquent responsable des attentats dont la source émane de la Commune et dont le but était de changer le gouvernement de la République issu du suffrage universel, et seul gouvernement reconnu par la nation française,

Crime prévu par les articles suivants du Code pénal : 87, 88, 89, 91, 92.

En conséquence, notre avis est que le nommé Ulysse Parent doit être traduit devant un Conseil de guerre.

RÉQUISITOIRE

DU COMMISSAIRE DU GOUVERNEMENT

Monsieur le président,
Messieurs les juges,

L'exposé général dont j'ai eu l'honneur de vous faire lecture avant les débats vous a suffisamment éclairés sur l'origine, le développement et les actes de l'Internationale, du Comité central, de la Commune et du Comité de salut public.

Je rappellerai en quelques mots la situation au 18 mars; mais, auparavant, qu'il me soit permis de faire appel à votre indulgence, car j'ai pris le lourd fardeau de l'accusation peu de jours avant l'ouverture des débats.

Après une guerre désastreuse, commencée dans les conditions les plus défavorables, et poursuivie avec l'acharnement du désespoir, la France, épuisée, s'était vue obligée de conclure la paix.

Certes, jamais pareille humiliation, jamais pareil sacrifice, ne nous avaient été imposés.

Il avait fallu consentir à abandonner au vainqueur les deux provinces réputées justement les plus patriotiques, celles qui avaient le plus souffert dans cette

10

guerre, celles qui avaient montré le plus d'amour et de dévouement pour la patrie.

Il avait fallu se résoudre à une occupation du sol national et au payement d'une indemnité de cinq milliards.

On pouvait donc croire que ces malheurs épouvantables, sévère châtiment de nos fautes, seraient pour nous un haut enseignement et qu'ils auraient un effet salutaire sur la régénération du pays.

Des élections sages avaient envoyé à la Chambre des députés désireux de mettre un terme aux maux de la patrie en y ramenant la paix et l'ordre, de réorganiser l'armée, tous les services publics.

Un homme illustre, un grand citoyen en qui la France et l'Europe mettaient toute leur confiance, avait reçu de l'Assemblée nationale le pouvoir de gouverner l'État.

On discutait une loi tendant à doter Paris d'un conseil municipal librement élu, mesure devant laquelle avaient reculé tous les gouvernements.

C'était l'heure, pour tout homme de cœur, d'oublier ses intérêts particuliers pour ne songer qu'à la patrie, à cette grande France aujourd'hui sanglante et démembrée.

Eh bien, messieurs, c'était l'heure que guettaient des conjurés pour porter le coup mortel à leur pays, pour achever l'œuvre des Prussiens et rejeter la France au fond de l'abîme d'où elle sortait à peine.

Ces hommes furent des parricides, et ce sont eux que vous avez à juger.

Membres ou adeptes de l'Internationale, ils avaient juré haine au présent; déclassés, envieux de toute supériorité, ils voulaient à tout prix le renversement de l'ordre existant, pour jouir à leur tour du pouvoir.

Ce sont les hommes du 31 octobre, du 22 janvier, lâches devant le danger, refusant leur concours pour combattre l'ennemi, avides de saisir le moment propice pour abattre le gouvernement.

Ce sont ces hommes qui ont le plus compromis la défense de Paris, qui ont paralysé les efforts de l'armée et la partie saine de la garde nationale.

Ce sont eux qui ont répandu parmi les soldats les idées funestes qui ont amené les hontes du 18 mars.

Orateurs de clubs, ils nous avaient audacieusement exposés, l'an dernier, dans les réunions publiques, le programme qu'ils viennent d'accomplir.

Le gouvernement d'alors avait cru sans doute que l'opinion publique suffirait pour faire justice de leurs odieuses prétentions, quand il eût dû se hâter de leur fermer toute voie de propagande.

L'appel qu'ils firent alors aux mauvaises passions fut malheureusement trop bien entendu.

Je ne vous ferai pas l'histoire de cette insurrection à jamais détestable, dans laquelle j'indiquerai tout à l'heure la part de chacun des accusés ; mais j'en signalerai dès maintenant les suites fatales.

Elle a rendu plus lourd et a prolongé le joug de l'occupation prussienne.

Elle a porté un coup funeste à l'industrie, au commerce, qui allaient renaître.

Elle a ralenti la réorganisation des services publics.

Elle a coûté au Trésor un milliard.

Elle nous a exposés à l'humiliation de voir l'étranger rétablir l'ordre chez nous.

Qui peut prévoir ce qui fût advenu de nous si la Prusse victorieuse s'était étendue sur tout le territoire ?

Cette insurrection a semé la défiance et le désordre

dans plusieurs départements, et provoqué des troubles dans certaines villes.

Elle a accru les ruines et les désastres de la guerre : Neuilly, Asnières, Courbevoie et tant d'autres centres de population ne sont plus que des ruines.

Acteur dans le drame de deux mois qui s'est joué devant Paris, j'ai pu apprécier la férocité des bandes raccolées par ces hommes qui n'avaient d'autre but que la destruction et le pillage.

Prêts, d'ailleurs, à pactiser avec les Prussiens, sentant leur ruine prochaine, ils ont poussé le vandalisme jusqu'à décréter la destruction de la colonne Vendôme, vivant souvenir de vingt années de gloire et de triomphes, devenu plus précieux après de récents désastres.

Ils ont voté la destruction de la maison de l'éminent homme d'État qui, n'ayant pu, malgré ses sages avertissements, arrêter la France sur la pente fatale où elle était précipitée, venait de la sauver du plus grand péril qui puisse menacer une nation, de l'anarchie.

Enfin, se voyant vaincus, ces hommes imaginèrent le plan le plus odieux de vengeance et de dévastation, et ils trouvèrent des misérables pour l'exécuter.

Les otages, qu'ils avaient pris parmi les citoyens les plus respectables, furent massacrés ; la grande cité, objet d'envie pour le monde entier, fut livrée à l'incendie, et les monuments qui faisaient sa gloire furent consumés.

Vous savez, messieurs, où se trouvaient en ce moment suprême ces hommes qui avaient organisé, dirigé l'insurrection. Après avoir promis de mourir aux barricades, ils s'occupaient de faire une retraite prudente, emportant le fruit de leurs rapines et de leurs déprédations.

Des quatre-vingts membres de la Commune et des quarante membres du Comité central, un très-petit nombre est resté sur la brèche; la grande majorité a fui à l'étranger, ou a cherché asile dans la ville même qu'ils avaient vouée à la destruction.

A part un seul, pris les armes à la main, aucun de ceux que vous avez devant vous n'a eu le courage de chercher la mort dans la lutte.

Avant d'aborder les faits de l'accusation, permettez-moi de vous rappeler, en quelques mots, la part de responsabilité qui revient dans l'insurrection du 18 mars à l'Internationale, au Comité central et à la Commune.

Constituée à Londres en 1864, l'Association internationale établit dès 1865 un centre à Paris. D'autres centres sont créés en France, et elle a bientôt ses organes, ses congrès, ses manifestes.

Elle veut la révolution sociale, c'est-à-dire la destruction complète des institutions actuelles.

Plus de gouvernement, plus d'armée, plus de religion; abolition du droit d'hérédité, abolition du mariage.

L'alliance ne tarda pas à se former entre l'Internationale et le parti révolutionnaire.

Un grand nombre de membres alliés se trouvèrent enfermés dans Paris bloqué.

Ils profitèrent de tous les moyens pour amener le moment favorable à leurs projets anarchiques.

Ils cherchèrent des chefs dans la garde nationale, des comités se formèrent dans chaque bataillon, et leurs délégués constituèrent le Comité central, qui déclara la guerre au gouvernement le 18 mars.

Le Comité central a fait acte de gouvernement du 18 au 30 mars, et, en cédant à cette date le pouvoir à la

Commune, il a conservé son action dirigeante et sa puissance.

La Commune a fait acte de gouvernement du 26 mars à la fin de mai.

Avant d'aller plus loin, je poserai les principes suivants, aussi irréfutables en fait qu'en droit :

1° Tous les membres du Comité central et tous les membres de la Commune sont responsables des actes et des décrets du Comité et de la Commune pendant l'exercice de leurs fonctions.

Ceux qui aujourd'hui prétendent être restés étrangers aux délibérations relatives à ces actes ou décrets avaient toute voie ouverte pour éviter la responsabilité qui leur incombe.

Il leur suffisait de protester ou de se démettre de leurs fonctions.

C'est ce qu'a fait l'accusé Parent, et il n'encourt que la responsabilité des actes et décrets rendus pendant son séjour à la Commune.

2° Tout gouvernement étant, en droit, responsable des effets de ses décrets et actes, les membres du Comité central et de la Commune ont à porter la responsabilité terrible des conséquences des décrets et actes de leur gouvernement.

3° Le gouvernement de la Commune est responsable des crimes commis par ses agents ou délégués aux divers services.

Ces principes, posés par le président du Conseil pendant les débats, sont hors de toute discussion pour les hommes de bonne foi.

Cependant les accusés paraissent témoigner une certaine surprise quand on leur impute la complicité dans l'assassinat des otages et dans les incendies.

Osera-t-on prétendre qu'ils sont des hommes politiques et qu'ils ont commis des crimes politiques?

Qu'ils ont cherché à établir un gouvernement régulier à la place du gouvernement existant? Qui soutiendrait cette thèse?

Leur programme est connu : ils voulaient la destruction de la famille, de la propriété, de la religion, en un mot, de la société !

Et ils s'imaginent qu'après leur orgie gouvernementale, ils n'auront pas à rendre compte des désastres que leur tentative a causés, à rendre compte du sang versé, des incendies qu'ils ont allumés, du pillage dont ils ont donné l'exemple?

Ces hommes ont causé la mort de milliers d'innocentes victimes, de braves soldats qui venaient de combattre pour le salut du pays. Ces hommes ont envoyé à la mort, sous l'empire de la force, des milliers de citoyens hostiles à leurs doctrines.

L'accusé Lullier vous l'a dit : une grande partie de la garde nationale n'a pas tardé à se séparer de la Commune; les 200,000 fédérés se sont réduits à 60,000.

Alors, et c'est là un de leurs plus grands crimes, ces hommes ont décrété la levée en masse le plus criminel attentat contre les citoyens, et tous les moyens leur ont été bons pour l'exécution de leur décret.

C'est ainsi qu'ils ont poussé au combat une foule de gens dévoués à la cause de l'ordre, tandis qu'eux trônaient à l'Hôtel de ville.

Ils ont traduit les réfractaires devant les Cours martiales, juridiction à laquelle les gouvernements ne recourent que dans les circonstances les plus graves, pour juger des crimes militaires et contre des soldats liés au service par la loi.

Diront-ils que les gardes nationnaux étaient liés au service de la Commune? Non.

Ils ont commis, par ces mesures atroces, un double atentat: ils ont institué une juridiction révolutionnaire et ils ont fusillé des innocents sans jugement.

Aussi je n'hésite pas à qualifier d'assassins les juges de la Cour martiale; les hommes de la Commune ont été leurs complices.

M. le commissaire donne ici lecture des décrets de la Commune instituant les Cours martiales et ordonnant des arrestations arbitraires; puis il poursuit :

Les membres ici présents, ayant fait partie du Comité central et de la Commune, sont donc responsable des crimes commis pendant leur usurpation.

Tous sont coupables des attentats contre la chose publique définis par les trois premiers chefs d'accusation, ainsi que d'usurpation de titres et de fonctions.

Les membres de la Commune qui ont rempli leurs fonctions jusqu'au dernier jour ont à répondre des crimes de complicité d'assassinat, d'incendie, de destruction d'édifices et de maisons habitées, d'arrestations illégales et de séquestrations de personnes.

Enfin, en dehors de ces chefs d'accusation communs, quelques-uns des accusés ont des faits particuliers à leur charge.

Mon réquisitoire sera donc divisé en trois parties : la première, concernant les chefs d'accusation communs à tous les accusés; la deuxième, la part qui revient aux membres de la Commune qui ont conservé le pouvoir jusqu'à la fin; et dans la troisième j'examinerai l'ingérence particulière de chaque accusé dans l'insurection, ainsi que les chefs d'accusation qui lui sont personnels.

Les quatre chefs d'accusation communs aux accusés, en qualité soit de membres du Comité central, soit de membres de la Commune, sont :

1° Attentat contre le gouvernement ;

2° L'attentat ayant pour but d'exciter à la guerre civile ;

3° Le fait d'avoir levé des troupes armées, sans ordre ou autorisation du pouvoir légitime ;

4° L'usurpation de titres ou fonctions.

La participation des accusés à des actes de gouvernemen contre le gouvernement régulier constitue le premier chef, car il y a eu complot et exécution, les deux éléments constitutifs de l'attentat.

L'accusé Jourde a prétendu qu'il n'y a pas eu complot.

Il compte donc pour rien les agissements de l'Internationale, les menaces proférées dans les réunions publiques, les menées pendant le siége des comités particuliers dont la réunion a fait le Comité central, ainsi que les manœuvres de ce comité, du mois de février au 18 mars.

Quant à l'exécution, a-t-elle été assez complète par l'installation d'un pouvoir qui a semé la ruine et la désolation dans le pays pendant deux mois !

Quant aux actes qui constituent de fait ce premier chef, je vais en donner lecture.

M. le commandant Gaveau lit alors au Conseil un grand nombre de pièces, extraites presque toutes du *Moniteur officiel* de la Commune.

Leurs titres et leurs dates les rappellent suffisamment.

Mars.—Manifeste aux gardes nationaux du cinquième arrondissement.

19 mars.—Aux gardes nationaux de Paris.

20 mars.—Au peuple.

20 mars —Fédération de la garde nationale.

21 mars. —Fusion du Comité central et du Comité de fédération.

21 mars.—Élections.

24 mars.—Manifeste du Comité central.

25 mars. —Manifeste du Comité.

29 mars.—Abolition de la conscription.

29 mars.—Adresse aux employés des services publics.

30 mars.—Adresse de la Commune.

3 avril.—Mise en accusation des ministres.

7 avril. —Manifeste du Comité central.

28 avril. — Institution du Comité de salut public.

29 avril. — Manifeste à l'Europe.

8 mai. — Manifeste de Grousset.

J'arrive maintenant à l'attentat.

Quelques-uns prétendent, pour légitimer leur usurpation, qu'ils ont été les élus du suffrage universel.

C'est une véritable dérision.

D'abord, ces élections sont frappées de nullité, par ce fait qu'elles ont été décrétées par un gouvernement insurrectionnel.

Il en résulte qu'il ne s'y présenta que des insurgés.

Chacun sait d'ailleurs quelle fraction minime de la population est venue apporter son vote : la plupart des élections sont encore entachées de nullité par ce fait.

Enfin j'affirme que ces hommes ne représentent que le bas-fond de la population parisienne.

Il est certain que la partie saine s'est abstenue de

voter; et d'ailleurs, quel est l'homme honnête et de bon sens qui eût songé à faire représenter la capitale par un Ferré, un Urbain, un Trinquet, un Champy, un Paschal Grousset?

Le second chef d'accusation consiste dans l'attentat ayant pour but d'exciter à la guerre civile.

Il réunit également les deux éléments de droit: le complot et l'exécution.

Le complot consiste dans le fait d'avoir armé des citoyens et des soldats pour combattre le gouvernement français; l'exécution a été la dévastation et le pillage consommés sur le territoire.

Les actes qui constituent ce chef d'accusation sont les suivants :

20 mars. — Aux départements.

20 mars. — Aux gardes nationaux.

3 avril. — Aux gardes nationaux.

4 et 5 avril. — Au peuple.

6 avril. — Aux départements.

7 avril. — Au peuple.

18 avril. — Au onzième arrondissement.

28 avril. — Au peuple français.

28 avril. — Au peuple de Paris.

29 avril. — Grand manifeste.

12 mai. — Au peuple.

13 mai. — Manifeste de Grousset.

18 mai. — Aux gardes nationaux.

22 mai. — Au peuple.

24 mai. — Au peuple.

Le troisième chef d'accusation résulte des décrets et ordres donnés pour lever des troupes, sans ordre ou autorisation du pouvoir légitime, et de l'expédition du 2 avril contre Versailles.

La lecture des pièces suivantes suffit à le constituer:

24 mars. — Délégation militaire.
Expédition contre Versailles.
4 avril. — Organisation des compagnies de marche.
12 avril. — Levée en masse.
28 avril. — Création de vingt bataillons.
30 avril. — Création de compagnies du génie.
21 mai. — Création de corps pour la garde des poudrières.

Le quatrième chef d'accusation consiste dans l'usurpation de titres et fonctions.

L'art. 258 du Code pénal fait dépendre ce délit du fait de s'être immiscé dans les fonctions publiques, civiles ou militaires, ou d'avoir fait les actes d'une de ces fonctions. Or il n'est pas un des accusés qui n'ait commis cette usurpation.

J'ai donc accompli la première partie de ma tâche: j'ai démontré que tous les accusés se sont rendus coupables des crimes ou délits prévus par les art. 87, 91, 92 et 258 du Code pénal.

Je passe à la deuxième partie, dans laquelle je dois examiner les chefs d'accusation portés contre les membres de la Commune qui ont conservé leur mandat jusqu'à la fin de mai.

Les imputations les plus graves qui pèsent sur eux sont la complicité dans l'assassinat des otages, la complicité dans les incendies, la complicité dans les arrestations arbitraires et les séquestrations, la complicité dans la destruction des monuments publics et des maisons habitées.

La plupart des accusés rejettent bien loin cette complicité. L'un se renferme dans les fonctions de ministre des finances, qui lui ont permis de dilapider le Trésor public; l'autre, dans les affaires étrangères; un troisième, dans l'administration d'un arrondissement; Assi, dans la fabrication de munitions.

Nous assistons à ce singulier spectacle de gens qui ont rendu ou laissé rendre en leur nom des décrets érigeant en principe l'assassinat et l'incendie, et qui s'étonnent qu'on leur impute la complicité des faits accomplis d'après leurs ordres.

Mon premier soin est de déterminer devant vous les éléments de la complicité. A ce sujet, je vous citerai les principes posés par les jurisconsultes. Je vous lirai d'abord le texte même des articles 59 et 60, relatifs à la complicité.

AUDIENCE DU 23 AOUT.

Après la lecture de ces deux articles, le commissaire du gouvernement, en ce qui concerne les accusés qui comparaissent devant le Conseil, appuie l'accusation de complicité sur ces deux éléments: 1° abus d'autorité et de pouvoir; 2° sur les moyens procurés pour commettre le crime.

Arrivant ensuite au quatrième chef d'accusation, comprenant les arrestations arbitraires et la séquestration de personnes, l'organe de l'accusation rappelle les articles 341 et 342 du Code pénal, et s'attache à démontrer qu'ils sont applicables aux accusés, par suite de la séquestration des otages pendant plus d'un mois.

M. le commissaire du gouvernement termine ainsi:

Il me resterait, pour terminer cette dernière partie, à établir que la mise à mort des otages constitue l'assassinat; mais je croirais faire injure au Conseil en discutant longuement cette question, résolue pour toute la France.

Ce qui distingue l'assassinat du meurtre, c'est la préméditation ; or, pour les membres de la Commune, la préméditation réside :

1º Dans le fait d'avoir, le 6 avril, décrété l'arrestation des otages pour servir de représailles aux actes faussement imputés au gouvernement régulier ;

2º Dans le fait d'avoir, le 17 mai, décrété, sur la proposition d'Urbain, l'exécution du décret du 6 avril sur les otages ;

3º Dans la lacune de temps considérable qui s'est écoulé entre la décision et l'exécution.

Enfin, M. le commissaire du gouvernement donne lecture des décrets relatifs à l'exécution des otages et de toutes les pièces qui corroborent ces décrets, s'attachant à faire ressortir que de ces décrets et de la présence de deux membres de la Commune à la tête du peloton d'exécution ressort la complicité générale des accusés dans ces assassinats.

Il en est de même pour les incendies de monuments publics et de maisons particulières. Lecture est donnée, à l'appui, de nombreux documents trouvés au moment de l'entrée des troupes.

Quant à la complicité résultant de ce fait, que les membres de la Commune ont procuré les moyens de commettre le crime, elle se trouve encore mieux établie. N'est-il pas évident que c'est le pouvoir insurrectionnel qui a distribué aux insurgés les matières inflammables accumulées par des réquisitions antérieures ?

Lecture est donnée par M. le commissaire du gouvernement des ordres donnés par Delescluze et les autres membres du Comité de salut public.

Le commissaire du gouvernement passe à la deuxième partie de son réquisitoire, dans laquelle il examine l'ingérence personnelle des accusés dans l'insurrection.

Ferré. — Le premier qui se présente est Ferré ; il est aussi celui contre lequel s'élèvent les charges les plus sérieuses.

Cependant vous l'avez vu à l'audience sourire au récit des atrocités qu'il a commises, et garder le front haut devant la réprobation générale.

Il a, dans son passé, quatre condamnations pour délits politiques ; il a figuré au procès de Blois.

Il a été membre de la Commune, délégué à la police comme second de l'exécrable Raoul Rigault.

Il a été le promoteur et l'exécuteur des hautes œuvres de la Commune. Il a fait assassiner Viallat, puis Veysset, après l'avoir dépouillé ; il a présidé à l'assassinat des otages ; il a signé l'ordre de fusiller les gendarmes détenus à la prison de la Santé.

C'est lui qui a allumé l'incendie de la Préfecture de police et fait flamber les finances.

On retrouvera la main et la férocité de cet homme dans toutes les iniquités de la Commune.

Dans la séance du 18 avril, il a demandé l'exécution des prêtres, et notamment de Mgr Darboy, et cette proposition a été votée à l'unanimité.

Vous avez entendu avant-hier la déposition écrasante de M. Lasnier. Il en résulte que Ferré présidait, le 24 mai, à la mairie du onzième arrondissement, à des jugements sommaires, et qu'il a fait tuer sous ses yeux, à coups de pistolet, deux malheureux agents de police. L'exécution eût continué si un officier de fédérés n'avait refusé de fournir des hommes pour faire l'office de bourreaux.

L'audience d'hier a révélé d'autres faits. Les témoins Baudard et Cavé vous ont rapporté les propos atroces tenus par l'accusé à propos des incendies du boulevard Voltaire. Enfin, la déposition de Costa signale sa présence à la Roquette dans toutes les journées d'exécution.

Je perdrais mon temps et le vôtre en discutant les nombreuses charges qui pèsent sur lui.

Assi.—Assi, l'agitateur du Creuzot; Assi, membre de l'Internationale, du Comité central, de la Commune; Assi, le directeur de la fabrication des bombes incendiaires et de projectiles asphyxiants, est l'un des premiers chefs de cette insurrection qui a mis la France à deux doigts de sa perte.

Vous l'avez vu à l'audience accepter la responsabilité d'une partie des charges qui pèsent sur lui, et discuter avec la plus grande audace la légitimité de la révolte.

Mais il rejette bien loin la responsabilité des assassinats, des incendies, des grandes iniquités de la Commune. Il s'est réfugié, dit-il, dans la fabrication des munitions, et, à partir de ce moment, il est resté étranger à ce qui se faisait dans la Commune.

J'ai établi précédemment la responsabilité qui en atteint tous les membres, et je ne reviendrai par sur ce sujet.

Il a d'ailleurs signé le décret sur les otages, qui, je l'ai établi, a été leur arrêt de mort.

J'ai visé, dans mes conclusions contre Assi, le chef particulier d'embauchage, parce que, pressé par le temps, et en présence de renseignements insuffisants, j'avais adopté sur ce point l'avis de M. le rapporteur.

Depuis, rien n'est venu prouver que personnellement Assi ait commis l'acte d'embauchage.

Cependant, des pièces officielles, dont je vais donner lecture, suffisent à établir contre la Commune entière l'accusation d'embauchage, et, par suite, à incriminer Assi.

Il ne me sera pas difficile de prouver que ces manœuvres constituent le crime d'embauchage prévu par l'article 208 du Code de justice militaire.

On lit, en effet, dans le rapport de M. Langlois (page 663).

(Lecture d'extraits du rapport.)

Maintenant, je dois expliquer au Conseil pourquoi le crime n'a pas été imputé également aux autres membres de la Commune. Je déclare en toute sincérité que je n'avais pas, au jour où j'ai posé mes conclusions, connaissance des pièces incriminées.

Dans l'espèce, et pour faire bonne et égale justice, le Conseil pourrait, après le prononcé du jugement du procès, ayant reconnu le fait d'embauchage constant, renvoyer les autres membres de la Commune au général commandant la première division militaire, pour qu'il soit procédé à l'instruction sur ce fait.

Ceci résulte de l'art. 142 du Code de justice militaire.

Urbain. — Pendant que l'ennemi assiégeait, bloquait et bombardait Paris, Urbain pérorait dans les réunions publiques et se faisait l'interprète auprès du gouvernement des revendications du Comité de vigilance, dont il était membre.

Nommé à la Commune en tête de liste pour le septième arrondissement, à l'administration duquel il fut délégué, plus tard membre de la Commission d'enseignement, il s'installa à la mairie avec sa concubine. Auteur ou complice d'arrestations arbitraires et de séquestrations, il dépouillait ses prisonniers et parait sa concubine de leurs bijoux.

En même temps il gaspillait la caisse de l'enseignement : lorsque la crise devint prochaine, il en répartit le reste entre ses complices.

Il est inutile de revenir sur l'affaire Landau, qui dévoile toutes ces turpitudes.

Membre de la commission militaire, Urbain visitait les casernes, les remparts, se faisant suivre de son ordonnance, tous deux montés sur des chevaux volés. — C'est, du reste, dans cet équipage qu'il se rendait à l'Hôtel de ville.

Il a voté pour l'institution du Comité de salut public; il a signé un ordre de perquisition, au bas duquel il enjoint de brûler la cervelle aux récalcitrants.

Billioray. — Billioray, qui a été membre du Comité central, de la Commune et du Comité de salut public, qui a présidé maintes fois les clubs et les assemblées délibérantes, qui a pris une part très-active aux mesures extrêmes du gouvernement insurrectionnel, Billioray ne veut cependant pas admettre, en ce qui le concerne, la responsabilité des crimes commis sous le règne de la Commune. Il prétend, au contraire, se poser devant la justice comme un défenseur des opprimés. En supposant, ce qui n'est pas établi. qu'il ait contribué à la délivrance de quelques prisonniers, il a sa part de complicité terrible dans les crimes provoqués par les arrêts de la Commune.

Il prétend s'être démis de ses fonctions au moment où Paris allait succomber. Sa prétention n'est pas fondée; mais, le fût-elle, je l'ai dit, ce serait une lâcheté de plus : la place de ces fougueux tribuns était aux barricades, à côté des malheureux qu'ils avaient armés et qui ont payé de leur sang la lutte fratricide qu'ils ont soutenue. Mais le nom de Billioray, inscrit au bas des manifestes adressés au peuple et à l'armée, est pour nous le garant de sa persistance dans l'insurrection.

Depuis les proclamations révolutionnaires du Comité

central lancées le 19 mars jusqu'au manifeste du 24 mai, le nom de Billioray se lit à chaque page dans le *Journal officiel* de la Commune. Et remarquez, messieurs, que le Comité de salut public, qui comptait Billioray parmi ses membres, a été le véritable pouvoir exécutif de la Commune, dont il était même souvent l'inspirateur.

Le nom de Billioray figure au bas du manifeste atroce auquel l'explosion de la poudrière Rapp servit de prétexte.

Billioray a signé des ordres d'arrestation dont je donnerai lecture.

Il est signalé par ses coaccusés eux-mêmes comme un des fougueux énergumènes de la Commune.

Malgré ses dénégations, il doit, plus que bien d'autres, porter le poids de la complicité dans les crimes relevés contre les membres du gouvernement insurrectionnel.

Il était un des principaux chefs du mouvement, il n'a pas droit à votre pitié.

Jourde. — Loin d'admettre la moindre part de responsabilité dans les crimes de la Commune, Jourde a la prétention d'avoir bien mérité de la patrie.

Laissant de côté les charges si graves qui pèsent sur lui comme membre du gouvernement insurrectionnel qui a mis la France et la société en péril, il emploie tous ses moyens et son éloquence à vous prouver l'intégrité de sa gestion financière.

Malheureusement, il n'a oublié qu'une chose, c'est de conserver, pour vous les produire, les pièces probantes de son administration. Elles n'auraient pas tenu, sous son gilet, plus de place que les billets de banque qu'il y avait cachés.

Les chiffres qu'il vous apporte sont tout à fait imaginaires et je n'abuserai pas de vos moments pour les discuter. Je me bornerai à faire ressortir les contradictions flagrantes de ses diverses narrations.

La plus grossière est celle qui a trait à l'emprunt forcé qu'il a fait à la Banque. Il en a évalué l'importance, dans ses interrogatoires, à 20 millions, tandis que MM. de Plœuc et Mignot, déposent que la Banque ne lui a compté que 16 millions 691 mille francs.

Il a extorqué cette somme sous la menace et la violence : les déclarations des témoins sont précises à cet égard.

Du 19 au 22 mai, en trois jours, il a exigé la remise de 2 millions 650 mille francs.

Et il a l'audace de vous en expliquer l'emploi par des distributions régulières de la solde des fédérés, qu'à ce moment l'armée française refoulait en désordre devant elle.

L'accusé avoue qu'il a distribué en partie cette somme à ses complices. Changeons les termes, et disons que ces dernières réquisitions ont procuré à la majorité des chefs de l'insurrection les moyens de se soustraire à votre justice.

L'accusé a avoué d'ailleurs le désordre de son administration quand il a déclaré qu'il payait aux bataillons des sommes calculées sur un effectif six fois plus considérable que le nombre de présents. Il vous a dit lui-même que des bataillons de deux cents percevaient pour douze cents.

Ces faits ne constituent-ils pas le pillage et la dilapidation des fonds publics, dont a rendu témoignage la concierge du ministère des finances ?

Ce n'est pas, d'ailleurs, le 18 mars que Jourde a débuté dans la voie du désordre.

Pendant le siége, il a fait partie des comités dont la

fusion a créé le Comité central, et il y a joué un grand rôle, ainsi qu'en témoignent les pièces de son dossier.

En février et au commencement de mars dernier, secrétaire du Comité central, quoi qu'il en dise, il convoquait les délégués et prononçait des discours dans lesquels il déclarait l'armée destructive de toutes les libertés et devant être bannie de Paris.

Il a signé les actes et décrets du Comité central proclamant la révolte contre le gouvernement régulier.

Il prétend qu'il n'y a pas d'attentat, parce qu'il n'y a pas eu complot.

Mais il a été un des instigateurs du complot sourdement ourdi dans les comités d'arrondissement pendant le siége, poursuivi par le Comité central et éclatant au 18 mars.

J'ai établi, pour lui comme pour les autres membres de la Commune, la complicité dans les crimes commis pendant l'insurrection. Je n'y reviendrai pas.

Mais il a un chef d'accusation particulier à sa charge, le bris de scellés et le détournement de fonds publics.

Le bris des scellés est constant, mais je crois que, pour le chef de détournement invoqué contre lui en qualité de comptable, l'art. 169 n'est pas applicable.

L'appliquer serait reconnaître la légalité des fonctions qu'il a usurpées.

Mais le bris de scellés étant constant et ayant eu pour objet le vol, c'est de l'art. 255 que je demande l'application. Cette appréciation rentre parfaitement dans les faits incriminés par l'ordre de mise en jugement.

En conséquence, je prie le Conseil de répondre négativement sur le chef d'accusation de soustraction des deniers publics dont il était comptable, et, en même temps, je prie M. le président de poser, comme résultant des débats, la question subsidiaire de vol commis à l'aide d'un bris de scellés, prévu par l'art. 253, sans préjudice des autres chefs d'accusation.

« Ce droit rentre dans les attributions du Conseil. » — Page 339, Foucher.

J'ajouterai quelques mots :

Vous avez entendu hier la déposition de M. Marie, qui se résume ainsi : Jourde s'est opposé à l'apposition des scellés qui a été faite par des agents du Trésor.

L'incendie a été allumé au deuxième étage, dont les cloisons et le plafond étaient intacts le 24 au matin.

Le seul bâtiment préservé ne renfermait rien de précieux.

Il y avait dans l'appartement occupé par l'accusé quantité de bouteilles et de boîtes à cigares vides.

On a pu sauver, le 24 au matin, les documents importants renfermés dans le cabinet du ministre et du secrétaire général.

Enfin l'incendie était préparé de longue main : les réservoirs étaient vides et les tuyaux crevés. On avait employé pour l'alimenter le pétrole et les bombes incendiaires.

M Mignot a répété devant vous les menaces de Jourde à chaque réquisition. Il vous a fait remarquer que la somme de 2,650,000 fr extorquée en trois jours, du 19 au 22 mai, ayant été payée en billets, n'a pu être employée à la solde de la garde nationale, à cause de l'impossibilité de la transformer en argent.

Enfin, je trouve trois bons de trois mille francs, signés Ferré, perçus, le premier, le 22 mai, le deuxième et le troisième, le 23, avec le « Vu bon à payer », signé Jourde.

Trinquet. — Trinquet est un fervent disciple de Rochefort; il a été condamné en 1870 pour cris séditieux et comme détenteur d'une arme prohibée et de munitions.

Nommé membre de la Commune et de la commission de sûreté générale, il a été le collaborateur de Raoul Rigault et de Ferré. Il a été attaché à la mairie du vingtième arrondissement et chargé spécialement de la célébration des mariages.

Il est signalé par sa violence; il a ordonné des perquisitions dans les églises et chez les prêtres.

Il est l'auteur d'une proposition présentée à la Commune dans la séance du 12 mai contre les gardes nationaux absents.

Il a été trouvé sur lui une somme de 1,230 fr., sans doute sa part de la distribution faite par Jourde sur le reliquat de la caisse des finances.

Cet homme a participé à tous les actes de la Commune; il est en outre accusé d'avoir pris part aux exécutions faites les 25 et 26 mai à la mairie du vingtième arrondissement.

Trinquet a commis un acte de cruauté horrible, qui suffirait à le faire condamner impitoyablement : après avoir présidé à l'assassinat du malheureux Rothe, exécuté sans jugement, il a eu l'infamie de décharger son revolver sur ce corps gisant à terre.

Il se trouvait d'ailleurs, par son mandat à la mairie, l'un des chefs de ce quartier de Belleville, qui s'est rendu célèbre dans toutes les insurrections, et où l'armée a rencontré une grande résistance Les nombreuses maisons ruinées de ce quartier en sont la preuve éclatante.

Rien ne milite donc en sa faveur, et je demande contre lui la rigoureuse application de la loi.

Champy. — Champy fut, pendant le siége, un hôte assidu des clubs; il y parla et se fit connaître comme un adversaire du pouvoir. Aussi fut-il nommé membre de la Commune et de la commission des subsistances.

Toujours exact aux séances, il participa à tous les actes du gouvernement insurrectionnel, et il doit subir la responsabilité des mesures arbitraires prises et des suites des décrets criminels rendus.

Le 5 avril, il saisit la caisse du bureau de navigation du canal Saint-Martin. Le 21, il réquisitionne 3,000 tuniques d'infanterie de ligne en magasin à la caserne du Château-d'Eau.

Dans les derniers jours de l'insurrection, il se cache quand le moment était venu de défendre le gouvernement de son choix. Mais il n'oublie pas pendant le 24 de se rendre à la distribution faite par Jourde du reliquat de la caisse des finances.

Ce choix de Champy comme membre de la Commune nous prouve une fois de plus à quel point de dégradation morale et d'aberration en était arrivée la population de Paris.

La pièce suivante, qui nous est parvenue pendant les débats, prouve que Champy a persévéré jusqu'au bout dans la voie qu'il avait prise, et qu'il a terminé son mandat par un acte de férocité :

« Ordre de prendre les obusiers et les obus à pétrole pour bombarder le chemin de fer de Lyon.

« Mairie du 20e arrondissement.

« CHAMPY. »

Régère. — Régère est un homme très-dangereux

qui, depuis vingt ans, travaille à renverser les gouvernements.

Membre actif de l'Internationale, il a des états de service remarquables dans les annales du désordre.

Il est de ceux qui, profitant des malheurs de la patrie, se mirent à la tête de l'insurrection du 31 octobre.

Il écrivait dans *le Démocrate* des lettres qui lui valaient des éloges des socialistes de Bordeaux (lettre du 7 août).

Dans le club démocrate socialiste du cinquième arrondissement, il conviait les membres actifs du comité de vigilance à former le fameux Comité central.

Membre de ce comité, dont il était aussi secrétaire, membre de la Commune, il fut délégué à la mairie du cinquième arrondissement, tout en continuant à prendre une part active aux actes gouvernementaux.

Le 10 mars, il fut nommé membre de la commission des finances.

Le 27 mars, il lançait dans le cinquième arrondissement une proclamation contre le gouvernement; le 15 avril paraissait un nouveau manifeste.

Dans la séance de la Commune du 23 avril il fit une motion tendant à refuser toute démission de la part des membres du gouvernement.

Le 25, il annonçait une révolution à Bordeaux; nous le retrouvons les 28 et 30 avril appuyant la proposition de créer un comité de salut public.

Il approuve implicitement, le 3 mai, le décret de la démolition de la colonne Vendôme; enfin sa voix se fait entendre dans les séances orageuses des 5, 12, 17 et 19 mai.

Sa présence est d'ailleurs constatée à celle du 22 mai.

Je lirai au Conseil trois pièces qui sont d'une grande importance.

Régère est un homme prudent. En s'embarquant sur la mer orageuse de l'insurrection, il a songé qu'il pourrait faire naufrage, et, tout en vouant sans pitié à la mort des milliers de citoyens par sa participation aux actes de la Commune, il en a sauvé quelques-uns pour s'en faire un mérite au jour de la justice.

Ce n'est pas tout ; cet homme, qui affecte des sentiments religieux, répond par la menace aux instances de l'abbé de Claubry en faveur de Mgr Darboy. Il partageait pour l'archevêque de Paris la haine de Courbet pour la colonne Vendôme.

Il ressent tellement le besoin de se produire, de faire parler de lui, qu'il provoque des témoignages accablants.

Le commandant de Salicié vous a rapporté les maximes de l'accusé : La France seule peut fonder le pouvoir. La Commune seule peut résoudre le problème. Il le dépeint ainsi : « Esprit mal équilibré, capable de passer de la terreur rouge à la terreur blanche.

« Le lendemain, ajoute le témoin, je trouvai M. Régère puisant dans un sac plein d'argent. Il me dit avec une certaine jovialité : « Vous voyez que nous ne « sommes pas aussi gueux qu'on le prétend. »

La déposition de Cuinet achève de confondre cet homme sensible. La scène se passe le 25 mai, alors que l'armée française s'avance à grands pas dans Paris. Régère, qui voit le pouvoir lui échapper, accueille les parents de Cuinet par des imprécations et des menaces, et il rompt l'entretien par ces mots significatifs : « Bon à fusiller. »

Voilà Régère, messieurs, voilà l'homme à la parole onctueuse, tout en Dieu, comme Urbain et Trinquet, invoquant complaisamment le témoignage des prêtres et des dominicains que la Commune, dont ils étaient les chefs, chassaient de leurs retraites et vouaient à la mort il y a trois mois.

Par la participation directe aux manœuvres des comités d'arrondissement qui ont précédé l'insurrection, par la participation aux décrets et actes de la Commune, par ses antécédents qui le signalent comme un homme redoutable, Régère ne mérite aucune indulgence, et je réclame contre lui toute votre sévérité.

Lullier. — Je ne peux mieux vous renseigner sur les antécédents de l'accusé Lullier qu'en vous lisant les deux pièces suivantes de son dossier.

(Pièces 2 et 3.)

Il a nié avoir appartenu à l'Internationale, et cependant les deux pièces suivantes prouvent qu'il a eu des rapports avec cette société (2 pièces, 16 et 17).

Il vous a fait lui-même le récit des événements qui ont précédé le 18 mars ainsi que celui des journées suivantes. Il a établi, par cette exposition des actes préparatoires de l'insurrection, le complot, premier élément des attentats imputés aux accusés et dont Jourde niait l'existence.

Il vous a appris ensuite la grande part qu'il a eue dans ces premières journées, surtout au point de vue militaire. Il vous a exposé le plan stratégique qu'il avait combiné et exécuté dans le but d'enfermer l'armée dans un secteur neutre.

Remarquons toutefois que ces superbes conceptions et ces grandes manœuvres frappaient dans le vide, puisque les régiments formant alors la garnison de Paris avaient reçu, dès le 18 mars, l'ordre de se replier sur Versailles.

Devançant ensuite le rôle du ministère public, il vous a fait un tableau frappant du gouvernement du Comité central et de la Commune, réquisitoire qui allége ma tâche. Il en a répudié les actes, les décrets, les crimes.

Il vous a même dévoilé le mobile qui opère le mieux sur les masses populaires ; j'ajouterai qu'il réunissait lui-même toutes les conditions pour en être le chef.

Il a, d'ailleurs, eu la franchise de convenir que les chefs d'accusation d'attentat contre le gouvernement et dans le but d'exciter à la guerre civile résultaient bien de sa participation active au mouvement.

Quant au fait d'avoir levé des troupes sans ordre ou autorisation du pouvoir légitime, il l'a discuté ; mais le fait est constant puisqu'il avoue avoir réuni plus de deux cent mille hommes sous les armes.

Enfin, son titre de général en chef des fédérés constitue le crime prévu par l'art. 93.

Le crime d'embauchage est flagrant : Lullier est convaincu d'avoir adressé un discours à des soldats français, dans lequel il les conviait à abandonner leur drapeau pour se joindre à l'insurrection, en leur promettant bon gîte, bonne nourriture et des grades.

(Citer le commentaire de l'art. 208 du Code de justice militaire.)

Intelligent, ainsi que le constatent ses notes, et comme vous avez pu l'observer dans les débats ; actif, énergique, connu par son courage, sa fougue et son mépris de la mort, Lullier eût parcouru sans doute une belle carrière, si son caractère insociable, son esprit indiscipliné, son orgueil, ne l'avaient entraîné dans la plus mauvaise voie.

Il a donné dans son existence militaire l'exemple de l'indiscipline et même de la rébellion.

Il a mis les qualités solides dont la nature l'avait doué au service du mal, et je n'hésite pas à déclarer que l'accusé Lullier est devenu un homme dangereux.

La société, qui a déjà beaucoup souffert de ses projets insensés et de ses criminelles entreprises, a le droit de demander des garanties pour l'avenir. La loi, messieurs, vous donne les moyens d'assurer ces garanties à la société.

Rastoul. — L'éducation de l'accusé Rastoul, sa position de famille, rendraient sa présence dans ce milieu inexplicable si l'on ne connaissait son passé.

Son dossier nous révèle qu'il a été le président du club des Montagnards, où se discutaient les théories de l'Internationale.

Nommé membre de la Commune le 26 mars, puis de la commission des services publics, qu'il abandonna pour l'inspection générale des ambulances, il ne quitta pas la plume et publia des articles dans les journaux les plus avancés : *le Mot d'ordre*, *le Vengeur*, et dans *Paris libre*.

Il prenait en même temps une part active aux délibérations de la Commune, bien qu'il prétende aujourd'hui s'être renfermé dans sa mission de médecin inspecteur.

Le Journal officiel signale fréquemment sa présence et ses discours.

Opposé à la création du comité de salut public, il préférait celle d'un tribunal responsable, composé des gens les plus capables et les plus énergiques.

Voyant la cause de la Commune perdue, il avait proposé à ses collègues soit de se livrer au gouvernement régulier sous la condition d'une amnistie générale pour Paris, soit de se rendre armes et bagages aux Prussiens.

Sa présence à la séance du 21 mai démontre qu'il a exercé jusqu'au bout le mandat qu'il avait usurpé.

Cependant il a repoussé, dit-il, tous les actes violents et sanguinaires de la Commune, et il en rejette la responsabilité.

Les principes généraux que j'ai établis au début de ce réquisitoire font justice de cette prétention exorbitante.

Des hommes que la nature et l'éducation ont faits intelligents, éclairés et bien supérieurs à une masse ignorante, en auront excité les féroces appétits par leurs manifestes criminels, et, après avoir allumé l'incendie, provoqué des désastres, fait couler des torrents de sang, ils prétendraient à l'impunité?

Non, messieurs. Il faut que justice soit faite, et que ces hommes soient punis des malheurs qu'ils ont accumulés par leur criminelle ambition.

Grousset. — Grousset appartient à cette classe de jeunes gens qui, à peine arrivés à l'âge viril, ont perdu ce qu'ils appellent des illusions, c'est-à-dire tout ce qui est sacré et respectable; qui se croient des aigles pour avoir écrit dans les journaux des articles incendiaires.

Alors qu'une grande partie de la jeunesse de France marchait à l'ennemi, Grousset écrivait dans Paris assiégé des articles dans les journaux les plus hostiles au gouvernement, *la Marseillaise*, *l'Affranchi*, *le Peuple*.

(Lecture des articles, pièce A.)

Plein d'orgueil et d'ambition, M. Grousset s'est cru, dans les circonstances les plus difficiles et les plus dé-

licates, de taille à prendre le ministère des affaires
étrangères, acceptant ainsi sans hésitation la mission
de plaider devant les puissances du monde la cause
de l'insurrection.

Vous connaissez son manifeste à l'Europe, il a été
lu à la tribune nationale par le vrai ministre des affaires
étrangères.

Ce manifeste tient la tête d'une assez longue liste
d'élucubrations violentes de Grousset.

Vous êtes suffisamment édifiés à ce sujet par la lecture
que j'ai faite des manifestes des 25 avril, 11 et 16 mai.
Je vous lirai maintenant la profession de foi qu'il a
publiée à l'occasion des élections de février dernier.

(Lecture de cette pièce.)

Il était présent le 17 mai à la séance dans laquelle
a été décidé le sort des otages.

Il accepte d'ailleurs, il vous l'a déclaré, la responsabilité des actes de la Commune. Il a en outre à répondre devant vous de chefs d'accusation particuliers.

1° De soustraction et de suppression d'actes et de
titres dont il était dépositaire. Ces titres consistent
dans les dossiers soustraits du ministère des affaires
étrangères, notamment un dossier affaire Cluseret;
dans les vingt dossiers distraits des archives, et principalement ceux qui concernent l'accusé Rochefort et
Pierre Bonaparte.

L'accusé prétend n'avoir jamais eu l'intention de
soustraire ces pièces, et cependant on les a découvertes
dans des cachettes au domicile de sa maîtresse.

Donc il y a eu soustraction et suppression d'actes et
de titres.

Ce chef d'accusation est visé par l'art. 173, ainsi
conçu :

(Lecture de l'article.)

Et, à ce propos, je vous demanderai la permission de vous lire quelques passages de cet article. (Pages 550, 551.)

Il en est un autre imputé à Paschal Grousset, se rapportant à un vol de papiers commis avec violence, par plusieurs personnes porteurs d'armes apparentes.

Le témoin Grassiot a écrit, dans la lettre adressée à M. le président, les lignes suivantes :

« Quoique cette réquisition ne le dise pas, nous savons, de source certaine, que ce papier réquisitionné était destiné à l'impression du journal *l'Affranchi*, appartenant au sieur Paschal Grousset, se disant délégué au ministère des affaires étrangères.

« Nous avons refusé de lui vendre du papier. Le sieur Paschal Grousset a trouvé fort simple de faire prendre, à main armée, le papier que nous refusions de lui vendre. »

Je dois reconnaître que le témoin n'a pas été aussi affirmatif, dans sa déposition orale, quant à la commande antérieure qui aurait été faite par Paschal Grousset; mais il affirme que les démarches faites au ministère des affaires étrangères dans le but d'être soldé sont restées infructueuses.

Il est d'ailleurs établi que ce papier a servi à la confection du journal *l'Affranchi*, dont l'accusé était propriétaire. Je maintiens dont le chef d'accusation, mais je prie le Conseil de le faire précéder, comme résultant des débats, de la question de complicité. Lecture de l'article 60. (Abus d'autorité et de pouvoir, ou machinations ou artifices coupables.)

Pour établir le vol visé par l'art. 382, j'ai à prouver:

1° Qu'il y a eu vol;

2° Que le vol a été commis avec violence ;

3° Qu'il a été commis par plusieurs personnes;

4° Que ces personnes étaient porteurs d'armes apparentes.

Pour établir le vol, j'ai à prouver :

1° Qu'il y a eu soustraction ;

2° Que la soustraction était frauduleuse ;

3° Que la chose soustraite appartenait à autrui.

1° Soustraction. (P. 45.)

On invoquera peut-être la restitution partielle du prix du papier. Je préviendrai l'objection par la lecture d'un passage du commentaire. (P. 45.)

2° La soustraction est frauduleuse. (P. 55.)

3° Chose soustraite à autrui.

Le vol existe donc.

Il me reste à établir : 1° qu'il y a eu violence ; 2° que le vol a été commis par plusieurs personnes ; 3° que ces personnes étaient porteurs d'armes apparentes.

La violence est flragante, il me suffira de recourir encore au commentaire (pages 270-271). Quant aux deux dernières conditions, elles résultent de ce que la réquisition a été appuyée par un peloton de fédérés.

Il a été établi aux débats que des perquisitions ont été faites au ministère des affaires étrangères ; que l'argenterie en a été soustraite ainsi que des sommes d'argent, des objets de toute nature ; que dans ce but des meubles y ont été fracturés.

Or l'accusé ne peut nier sa participation à ce pillage qui se passait sous ses yeux. D'ailleurs, quand on a usurpé dans un ministère la place du titulaire, qui est naturellement responsable de l'entretien, on se substitue à lui dans la responsabilité comme dans les honneurs.

Telle est la part qui revient à Grousset dans l'insurrection.

Je n'hésite pas à déclarer que l'accusé Grousset a eu

la plus grande influence sur les actes de la Commune. Ses manifestes sont rédigés dans le style le plus violent; on y appelle le gouvernement et l'armée : « les assassins de Versailles. » Son éducation, sa position de famille, le rendant plus coupable que la plupart des autres accusés, je le livre en toute confiance à votre justice.

Verdure. — Verdure est un ambitieux qui, de l'humble poste d'instituteur primaire, a rêvé de sortir de son milieu pour faire parler de lui.

Il a la haine du prêtre; mais c'est un philanthrope utopiste, enthousiaste des théories sociales, sans avoir le jugement assez ouvert pour discerner le vrai du faux.

Il y a plus de vingt ans qu'il marche dans cette voie sans succès; il a pourtant, dans ces derniers temps, atteint la notoriété de son nom, but qu'il rêvait depuis longtemps; mais le voilà retombé au bas de l'échelle qu'il avait voulu gravir à grands pas.

Membre de l'Internationale, il avait trouvé dans cette société ses aspirations sociales. Il se fit connaître du parti démocratique exagéré; il fut employé à *la Marseillaise* et à *la Tribune*; il écrivit une foule d'articles dans les journaux; il se fit l'organe des plaintes des ouvriers.

Son dossier est plein de ses vagues théories sur le prolétariat.

Il se trouvait dans son pays quand arriva le 18 mars; trois jours après il était à Paris, et les élections du 29 le firent membre de la Commune.

Il suivit assidûment les séances jusqu'au 20 avril, époque à laquelle il fut délégué à l'administration du onzième arrondissement.

Cependant il vota presque toujours avec la majorité les actes et décrets qui forment le bilan criminel de la Commune. Il y fit une motion à l'effet d'interdire, sous peine de prison et d'amende, l'enseignement aux membres des congrégations et du clergé catholique.

On trouve dans son dossier des pièces constatant des réquisitions de vin, de voitures, deux reçus chacun de vingt litres de pétrole, pris chez Charmoy, rue de Montreuil, 67, enfin une proclamation du 7 mai, aux bataillons de la onzième légion, ainsi conçue :

(Lecture des pièces.)

Ferrat. — Le commissaire de police de son quartier, dans un rapport au dossier, dépeint Ferrat comme un homme violent, un fier-à-bras, satisfait de lui-même et faisant volontiers son éloge. C'est ainsi qu'il s'est montré à nous lors de son interrogatoire, mettant tous ses soins à établir que son bataillon était toujours aux avant-postes, et que lui, le commandant, ne perdait jamais le calme au milieu des obus.

Le même commissaire de police émet cependant des doutes sur son courage, quand il dit qu'il n'a pris aucune part aux derniers jours de la lutte.

Ce n'est pas là, du reste, la question, et l'accusé nous a expliqué son inactivité à ce moment par sa mésintelligence avec les généraux de la Commune.

Le fait de n'avoir pas payé sa propriétaire pendant une année, ce qui coûte à cette dernière une perte évaluée à 260 fr., a été expliqué plus ou moins bien par la loi sur les loyers et par la pénurie dans laquelle se trouvait l'accusé.

Cependant le même rapport établit que durant l'insurrection il avait les poches pleines d'or, et qu'il payait généreusement les voitures qu'il prenait tous les jours.

Les faits relevés à sa charge par l'ordre de mise en jugement sont constants, et il ne me reste qu'à demander contre lui l'application rigoureuse de la loi.

Clément. — Clément est un ouvrier laborieux et honnête qui, pour son malheur et, j'ajoute, celui des autres, a pris pour guide le livre d'un homme remarquable à plus d'un titre, mais le chef d'une école qui prêchait l'abolition de la propriété.

N'ayant pas le jugement assez ouvert pour distinguer la vérité du sophisme, Clément s'est laissé entraîner sur une pente fatale.

S'il ne s'agissait ici que de fautes dont les suites ne fussent tombées que sur lui, je ferais appel à votre indulgence; mais il a consenti à s'associer à un gouvernement insurrectionnel qui a menacé peut-être l'indépendance du pays et qui a certainement causé d'immenses désastres.

Si votre cœur est touché des témoignages honorables que vous avez entendus en sa faveur, vous ne devez pas oublier le coup fatal dont la Commune a frappé la patrie sanglante et mutilée.

Courbet. — Ce n'est pas sans chagrin que je vois au milieu de ces hommes déclassés, que la paresse et l'envie ont rendus criminels, un artiste de grand talent.

Mais, on nous l'a dit, si la nature l'a généreusement doué sous certains rapports, ses sentiments d'orgueil, de jalousie, le milieu dans lequel il a vécu, l'entraînaient fatalement dans la voie qui l'a conduit sur ces bancs.

Il a participé à tous les actes de la Commune; il y a même fait personnellement une motion criminelle, il était présent aux dernières séances. Il avait une haine stupide pour un monument élevé à la gloire de nos armes, monument devenu plus sacré en présence des calamités qui venaient de frapper le pays.

Je conviens parfaitement que les mobiles qui ont amené Courbet à participer aux actes de l'insurrection n'ont rien de commun avec les doctrines de l'Internationale.

Mais, quels que soient ces mobiles, il n'est pas moins constant que Courbet doit supporter les conséquences de la part de responsabilité que j'ai établie pour chacun des membres de la Commune

Occupant un rang relativement élevé dans la société, jouissant d'une juste réputation comme peintre, d'une fortune indépendante due à son talent, Courbet a pactisé avec les hommes de désordre, et s'est associé à leurs attentats criminels.

C'est à vous de juger, Messieurs, si le mérite de Courbet comme artiste, et surtout si la faiblesse de son jugement, dont ont témoigné les débats, méritent quelque indulgence.

Descamps. — Il est d'usage, lorsqu'on veut avoir des renseignements sur la moralité d'un individu quelconque, de s'adresser au commissaire de police; à plus forte raison est-on en droit de le faire quand il s'agit d'un accusé.

C'est donc dans la pièce n° 16 du dossier de Descamps, intitulée : *Renseignements sur l'accusé*, que j'extrais ces passages :

« Ses idées politiques étaient exaltées et il menaçait continuellement les personnes qui possédaient des provisions de s'en emparer à son profit. Enfin, tous les

13

renseignements recueillis sur son compte sont des plus mauvais, soit sous le rapport politique, soit sous le rapport de la conduite. »

Il s'est montré particulièrement dur et violent pour les sœurs qui dirigeaient l'asile, place de la Mairie, à tel point qu'elles ont été obligées de prendre la fuite. Il en voulait surtout à la sœur supérieure, qui a dû se tenir longtemps cachée et a eu toutes les peines du monde pour quitter Paris, où elle ne se trouvait plus en sûreté.

J'ajouterai, Messieurs, qu'il est un fait acquis, c'est que les hommes de la Commune ont poursuivi avec acharnement toutes les congrégations religieuses, celles des femmes comme celles des hommes.

Je n'ai pas voulu faire parler longtemps devant vous M. le directeur des écoles chrétiennes qui déposait à décharge ; mais il est un fait incontestable, c'est qu'il a confirmé, en ce qui concerne les sœurs, les renseignements donnés par le commissaire de police.

La participation de Descamps aux actes de la Commune est constante ; la lettre, en date du 18 mai, qu'il adresse au colonel de la 14ᵉ légion, pour demander que le poste de la mairie soit doublé le lendemain et jours suivants, nous démontre que son action usurpée s'est prolongée jusqu'à la fin.

Parent. — Parent a accepté le mandat que lui avaient donné des élections illégales, décrétées par un gouvernement insurrectionnel.

Je vous ai exposé les raisons qui lui ont fait accepter ce mandat ; mais il avait, avant tout, un premier devoir à remplir, comme citoyen et administrateur du gouvernement régulier ; il devait refuser des fonctions qui le faisaient l'adversaire déclaré du pouvoir légitime et le partisan du Comité central, qui avait levé l'étendard de la révolte.

Puis, pendant la durée de son mandat, la Commune a décrété l'adresse aux employés des services publics, le manifeste du 30 mars, elle a décrété l'abolition de la conscription et la mise en accusation des ministres, actes qui constituent l'attentat contre le gouvernement.

La Commune signait ensuite, le 3 avril, une proclamation aux gardes nationaux, une autre au peuple le lendemain, actes qui constituent l'attentat ayant pour but d'exciter à la guerre civile.

Enfin, en envoyant le 2 avril, contre Versailles, les bandes armées commandées par Flourens et Bergeret, elle assume la responsabilité d'avoir levé des troupes sans ordre ou autorisation du pouvoir légitime.

Ainsi que je l'ai établi, Parent, comme membre de la Commune, alors que se manifestaient ces attentats, a implicitement participé à leur préparation.

Je déclare cependant qu'il est digne d'indulgence.

Messieurs, le parti auquel appartiennent ces hommes n'est pas vaincu.

C'est à l'armée surtout de veiller au salut de la France. Vous rendrez ici à la patrie menacée les services que vous lui avez rendus sur les champs de bataille.

Pour sauvegarder le pays et la société contre des entreprises aussi criminelles que celles dont vous avez entendu le récit, vous emploierez la seule arme qui convienne à des juges, la loi, mais vous l'appliquerez dans toute sa rigueur contre les chefs des assassins et des incendiaires.

Rappelez-vous, Messieurs, en entrant dans la salle

des délibérations, les paroles prononcées dans sa déposition par un vénérable missionnaire :

« J'ai vécu pendant vingt-cinq ans au milieu des sauvages, et je n'y ai rien vu d'aussi horrible que ces faces d'hommes et de femmes acharnés contre nous dans le trajet lugubre de Mazas à la Roquette. »

LE JUGEMENT

M. le président donne lecture des 504 questions concernant les dix-sept accusés présents, puis il indique le verdict sur chacune d'elles, et enfin il prononce les peines. Le prononcé de ce jugement a duré deux heures un quart.

Le Conseil, en ce qui concerne l'accusé Ferré, le déclare coupable sur tous les chefs d'accusation : attentat contre le gouvernement, excitation à la guerre civile, avoir levé des troupes sans l'autorisation du gouvernement régulier, immixtion dans des fonctions publiques, complicité d'assassinat des otages et d'incendies par provocation, et pour avoir procuré les moyens de commettre ces crimes, destruction de monuments publics et de maisons particulières, arrestations et séquestrations arbitraires.

En ce qui concerne l'accusé Assi, coupable sur les quatre premiers chefs, non coupable sur les assassinats, les incendies, les destructions de monuments, coupable de fabrication d'engins et d'arrestations et séquestrations arbitraires.

En ce qui concerne Urbain, coupable sur tous les chefs, admission de circonstances atténuantes.

En ce qui concerne Billioray, coupable sur tous les chefs, hormis assassinats et incendies.

En ce qui concerne Jourde, coupable sur les quatre premiers chefs, non coupable sur les assassinats et les incendies, les destructions de monuments, les arrestations, le bris de scellés et les détournements de deniers publics. Circonstances atténuantes.

13.

En ce qui concerne Trinquet, même verdict que pour Urbain, et admission de circonstances atténuantes.

En ce qui concerne Champy, coupable sur les quatre premiers chefs, non coupable sur les assassinats et les incendies, coupable de destruction de monuments et d'arrestations arbitraires.

En ce qui concerne Régère, coupable sur les quatre premiers chefs, non coupable sur les autres.

En ce qui concerne Lullier, coupable sur attentat, excitation à la guerre civile, levée de troupes, embauchage et commandement d'une troupe armée.

En ce qui concerne Rastoul, même verdict que pour Régère, mais non coupable de destruction de monuments publics. Admission de circonstances atténuantes.

En ce qui concerne Paschal Grousset, coupable sur les quatre premiers chefs, non coupable sur les autres, non coupable de soustraction de titres et de vol de papier.

En ce qui concerne Verdure, coupable sur les quatre premiers chefs, même verdict que Rastoul.

En ce qui concerne Ferrat, coupable d'attentat, d'excitation à la guerre civile et de levée de troupes.

En ce qui concerne Descamps, non coupable sur tous les chefs.

En ce qui concerne Clément, culpabilité d'usurpation de fonctions. Circonstances atténuantes.

En ce qui concerne Courbet, coupable de complicité de destruction de la colonne Vendôme.

En ce qui concerne Parent, non coupable sur tous les chefs.

En conséquence, le Conseil prononce l'acquittement des accusés DESCAMPS et PARENT, ordonne leur mise en liberté immédiate.

Condamne :

FERRÉ, à la peine de mort ;

ASSI, à la déportation dans une enceinte fortifiée ;

URBAIN, aux travaux forcés à perpétuité ;

BILLIORAY, à la déportation dans une enceinte fortifiée ;

JOURDE, à la déportation simple ;

TRINQUET, aux travaux forcés à perpétuité ;

CHAMPY et RÉGÈRE, à la déportation dans une enceinte fortifiée ;

LULLIER, à la peine de mort ;

PASCHAL GROUSSET, VERDURE et FERRAT, à la déportation dans une enceinte fortifiée ;

CLÉMENT, à trois mois de prison ;

COURBET, à 6 mois de prison et 500 fr. d'amende ;

Tous solidairement aux frais du procès envers l'État.

II

LES AGENTS DE LA COMMUNE

LES FEMMES INCENDIAIRES

(AUDIENCES DES 4 ET 5 SEPTEMBRE)

LES ACCUSÉES

M. le colonel Boisdenemetz procède à l'interrogatoire de forme. Les accusées sont :

1º Élisabeth, fille **Rétiffe**, âgée de trente-neuf ans, cartonnière, née à Vezelis, département de la Meurthe. Elle a pour défenseur Me THIROUX ;

2º Léontine, fille **Suétens**, vingt-six ans, blanchisseuse, née à Beauvais, défendue par Me AUGÉ ;

3º Joséphine, fille **Marchais**, trente-deux ans, blanchisseuse, née à Blois, défendue par Me MARCHAND ;

4º Eulalie, fille **Papavoine**, vingt-quatre ans, couturière, née à Auxerre, défendue par Me HAUSSEMANN ;

5º Lucie Marris, femme **Bocquin**, vingt-huit ans, lingère, défendue par Me DENIS.

Me Marchand et Me Augé n'ayant pu se charger de la défense qui leur avait été confiée d'office, le Conseil doit désigner deux autres avocats. Les défenseurs présents se chargent de prendre des notes pour leurs confrères.

M. le capitaine Jouenne occupe le siége du ministère public en qualité de commissaire du gouvernement.

RAPPORT

Le 22 mai dernier, vers cinq heures du matin, les habitants de la rue de Lille furent réveillés par des appels furieux mêlés au bruit des portes qu'on ébranlait à coups de crosse de fusil.

C'étaient les bandes conduites par Eudes et Mégy qui, fuyant devant nos troupes, venaient achever certains préparatifs commencés depuis plusieurs jours, et, sous prétexte de résistance, incendier une partie du faubourg Saint-Germain.

Ces misérables, et avec eux six ou sept femmes, envahirent la Légion d'honneur, la Cour des comptes, les hôtels de MM. de Chabrol, de Bagneux, de Béthune, absents de Paris, et la maison n° 8 de la rue Solférino.

Après avoir pillé les caves, les effets, le linge, l'argenterie, les objets d'art, les bijoux, ils jetèrent par les fenêtres les meubles et les matelas qui s'y trouvaient.

Dans la rue, des apprêts sinistres avaient lieu. « Il faut que Paris saute ! Nous allons brûler tout ! » Telles étaient les menaces faites aux honnêtes gens épouvantés.

Des barricades arrosées de pétrole s'élevèrent de toutes parts. Après en avoir passé l'inspection, Eudes,

suivi de son « état-major » des Enfants du Père-Du-
chêne et d'autres bataillons fédérés, alla s'installer à
là caserne Bonaparte. Il ne resta plus alors sur les
lieux que le 135e bataillon, de Belleville, et les Enfants
perdus, écume de tous les pays.

Le combat commença dans l'après-midi. De prétendues ambulances improvisées au n° 4, rue de Solférino, et 79, rue de Lille, reçurent les blessés.

La nuit, tout en apportant un peu de calme au
dehors, fut le signal de l'orgie dans les hôtels occupés
par les insurgés. Le liquide volé coula à flots. Après
avoir enduré toutes les vexations, toutes les injures, le
concierge du comte de Chabrol, l'infortuné Thomé,
père de deux enfants, venait d'être lâchement assassiné. Retenues et outragées dans ce *pandémonium*, la
veuve et la belle-sœur allaient sans doute subir le
même sort, lorsque, le sommeil de l'ivresse s'emparant
de leurs ignobles gardiens, elles purent s'enfuir et se
réfugier dans une maison de la rue des Saints-Pères.

Le mardi, les horribles scènes de la veille recom-
mencèrent. Le combat s'engagea à toutes les barricades. Cinq femmes, et parmi elles les nommées Rétiffe, Suétens, Marchais et Papavoine, se distinguaient
particulièrement au plus fort de la lutte. « Elles allaient
et venaient, disent les témoins, servaient à boire et à
manger aux insurgés, ou aidaient ceux-ci à piller.
Elles étaient armées, pour la plupart, et portaient des
écharpes rouges. L'une, très-grande, fit le coup de feu
à la barricade de la rue Bellechasse; une autre roula
un tonneau de pétrole contre la porte de l'hôtel n° 6
de cette même rue. Tantôt elles avaient l'uniforme de
garde national, tantôt elles étaient vêtues d'effets sor-
dides. Elles tenaient des propos épouvantables et for-
çaient les fédérés à rester aux barricades. »

Pendant ce temps l'œuvre de destruction était assurée partout. Le pétrole, ce liquide dangereux sur lequel l'esprit diabolique des membres de la Commune avait compté, était charrié à la Légion d'honneur, répandu à profusion dans les corridors et conduit jusqu'aux caves où on avait eu soin de placer des barils de poudre et de cartouches. Le sieur Audet et un autre vieillard, arrêtés sans motif, venaient d'être traînés dans ce palais pour être fusillés, et ils ne recouvrèrent sans doute la liberté que grâce au tumulte et à la confusion qui régnaient parmi les bandits.

A six heures du soir, une attaque des marins obligea définitivement les insurgés à battre en retraite. Un coup de clairon se fit entendre, c'était le signal convenu : les forcenés allaient détruire par le feu ce qu'ils ne pouvaient garder, et anéantir les traces de leurs vols et de leurs forfaits.

Sept ou huit de ces misérables étaient chargés de remplir la mission infernale à la Légion d'honneur. *Soixante-cinq francs!* le prix du crime, avaient été payés le matin même à chacun d'eux. Un officier du 135e bataillon les aida en déchargeant son révolver sur un ruisseau de pétrole.

Des colonnes de flammes s'élevèrent alors de tous côtés. Seul et caché sous un escalier, le nommé Rochaix assistait à cet horrible spectacle; dès qu'il put sortir, ce courageux serviteur courut chercher du secours et, aidé du sieur Cartier, cocher rue de Lille, 97, il enleva les barils de poudre ou de cartouches placés dans les caves du palais et dont l'explosion eût pu causer d'effroyables malheurs.

A l'hôtel du comte de Béthune, les incendiaires poussaient la cruauté jusqu'à enfermer dans une cave le concierge, son épouse, leur jeune fils et un neveu, après avoir mis le feu au pétrole répandu dans les appartements. « Il faut que tu crèves là-dedans! » disait le digne chef des Enfants perdus à la femme Stehlin, qui, affolée à la vue des dangers que son fils allait courir, reprochait à l'infâme sa conduite criminelle et lui lançait sa malédiction.

Examinons, maintenant, la part à attribuer aux nommées Rétiffe, Suétens, Marchais, Papavoine et Bocquin dans les événements qui se sont passés les lundi et mardi 22 et 23 mai.

Fille Rétiffe. — Mme Euphrasie Bersier, épouse Rechaix, affirme avoir vu la nommée Rétiffe au palais de la Légion d'honneur.

« Elle était vêtue, dit ce témoin, d'une camisole blanche et portait une écharpe rouge et un fusil en bandoulière. »

Le nommé Fleury, lui aussi, reconnaît parfaitement la prévenue.

C'est, dit-il, la cantinière que j'ai vue chez moi; elle avait un fusil chassepot, et elle m'a même offert des cartouches.

Le sieur Pernot affirme, comme le précédent, qu'il reconnaît la prévenue, et, selon lui, « elle s'occupait de la nourriture et du soin de porter le liquide aux barricades. »

Enfin, les nommées Suétens et Papavoine déclarent s'être trouvées plusieurs fois avec leur coprévenue dans la cour de la Légion d'honneur. La fille Suétens ajoute :

— La nommée Rétiffe, qui, étant complétement ivre, avait passé la nuit du lundi au mardi avec son amant sur un matelas, à la barricade, vint nous y retrouver pour savoir ce que nous faisions.

14

Fille Suétens. — La nommée Suétens a été vue par Mme Rochaix les lundi et mardi 22 et 23 mai dans l'hôtel de la Légion d'honneur. « Elle portait, dit le témoin, un fusil chassepot en bandoulière et une écharpe rouge. Le mardi, entre trois et quatre heures du soir, elle descendit la rue de Lille vêtue en garde national et un fusil sur l'épaule, en compagnie d'un commandant. »

La fille Papavoine et la femme Bocquin déclarent « que la nommée Suétens portait de l'eau-de-vie et du vin aux insurgés; qu'elle est allée dans les appartements situés au-dessus du nommé Fleury, et qu'elle a participé à la construction des barricades. » Enfin, la prévenue reconnaît avoir reçu sa part du pillage des caves de la Légion d'honneur et autres hôtels voisins, ainsi qu'une somme de 10 fr. qui avait été remise pour elle à une certaine femme Masson, par le commandant fédéré.

Ce dernier aveu contient-il toute la vérité? N'est-ce pas plutôt la prime offerte aux incendiaires qu'elle a reçue, à l'exemple de sa compagne?

Tout le fait supposer, car, s'il est venu à la pensée d'un chef fédéré de distribuer de l'argent dans un moment aussi solennel, c'était évidemment dans le but d'encourager ceux qui se distinguaient « par leur courage et leur énergie ». Or, il ne suffisait pas seulement, pour fixer l'attention de ce chef féroce, de combattre ou de piller les habitations, toutes les dignes compagnes des insurgés le faisaient avec empressement, il fallait allumer le pétrole et brûler Paris?

Enfin, cette femme a pris la part la plus active à toutes les opérations et sorties accomplies par son bataillon, puisqu'elle dit elle-même avoir été blessée à deux affaires, à Neuilly et à Issy.

Fille Marchais. — Le titre de vivandière des Enfants perdus indique tout d'abord de quoi peut être capable la nommée Joséphine Marchais, dont nous allons analyser les charges.

Les époux Stehlin, concierges, déposent qu'ils ont vu cette femme coiffée d'un chapeau tyrolien et armée d'un fusil, les 22 et 23 mai.

Selon eux, elle prit une large part à l'orgie et au pillage qui eurent lieu dans l'hôtel et les caves du comte de Béthune. Elle tenait des propos épouvantables et excitait les fédérés en criant : « Tas de lâches ! allez donc vous battre ! Moi, si je suis tuée, c'est que j'en aurai tué auparavant ! »

Ils ajoutent que le nommé Guy s'est plaint devant eux que sa maîtresse, Joséphine Marchais, lui aurait sauté au collet pour le ramener à une barricade qu'il venait d'abandonner.

Enfermés dans une cave, au moment de l'incendie, les témoins susnommés ne savent pas si cette fille a fait usage de pétrole chez eux, mais Stehlin déclare « qu'elle était plus dangereuse, à son avis, que les Enfants perdus. »

Mᵐᵉ Rochaix reconnaît aussi la prévenue, pour l'avoir vue passer plusieurs fois dans la rue de Lille, le fusil en bandoulière.

Fille Papavoine. — La fille Papavoine a suivi le nommé Balthazar, caporal au 135ᵉ bataillon, depuis le commencement de l'insurrection et a assisté aux combats de Neuilly, Issy, Vanves et Levallois-Perret.

Elle a été vue à la Légion d'honneur par Mᵐᵉ Rochaix, une ceinture rouge à la taille et le fusil en bandoulière.

Elle a participé à la construction des barricades, au

pillage des appartements de la maison n°, 8 de la rue Solférino, et aux orgies dont le vin volé faisait les frais.

Femme Bocquin. — La femme Bocquin, comme les précédentes, a été vue à la Légion d'honneur, avec une ceinture rouge et un fusil.

Elle a volé des effets dans les appartements susindiqués, et, entre autres choses, un châle cachemire.

Enfin, elle a porté du vin et de l'eau-de-vie aux barricades, et a partagé avec les nommées Papavoine et Suétens le produit du pillage des caves de divers hôtels.

RENSEIGNEMENTS.

Les renseignements que nous avons recueillis sur les prévenues sont très-mauvais et expliquent la présence de ces femmes éhontées dans les rangs des fameux volontaires de Belleville.

La fille Rétiffe a vécu en concubinage pendant sept ans, et, en dernier lieu, bien qu'elle le nie, elle avait des relations avec un sergent du 135e bataillon fédéré. Elle a été condamnée à vingt jours de prison pour coups et blessures volontaires, et, deux ans plus tard, à 16 francs d'amende pour outrages envers des agents.

La nommée Suétens a été condamnée à un an de prison pour vol. Elle vivait avec le nommé Aubert, sergent-major audit bataillon.

La fille Marchais s'est distinguée de bonne heure par ses mauvais instincts. Elle avait la plus détestable réputation à Blois, et sa conduite immorale la faisait mépriser de tout le monde; elle a été condamnée à six mois de prison pour vol. Sa mère a subi cinq ans d'emprisonnement et dix ans de surveillance, pour excitation à la débauche.

Sa sœur Magdeleine a été condamnée à être enfermée jusqu'à l'âge de vingt ans dans une maison de correction, pour vol, et, plus tard, à trois mois de prison, toujours pour vol.

La fille Papavoine vivait en concubinage avec le nommé Balthazar, garde au 135e bataillon, et certain passage de l'interrogatoire de sa camarade Suétens, que nous ne pouvons reproduire ici, donne une idée exacte de sa moralité.

Enfin la femme Bocquin, profitant de l'absence de son mari, qui avait voulu payer sa dette au pays en allant combattre l'étranger, commettait l'adultère au grand jour, avec un cynisme révoltant, et, mère dénaturée, abandonnait son pauvre petit enfant pour suivre un bandit... Honte à elle surtout, l'infâme! qui a souillé dans le crime le nom d'un honnête ouvrier, d'un brave et courageux citoyen!

L'instruction de cette affaire a été laborieuse. Seule, la fille Rétiffe était détenue; les filles Suétens et Papavoine avaient été mises en liberté, et aucune donnée, aucun indice ne figuraient au premier dossier.

Nous avons cherché en vain à découvrir les véritables auteurs du drame lugubre dont nous venons de faire le récit. Les auteurs des incendies de la Légion d'honneur, de la Cour des comptes, des hôtels de Chabrol et de Béthune, oserait-on le nier? ce sont évidemment les membres de la Commune qui avaient réquisitionné le pétrole et l'avaient fait répandre dans les édifices condamnés d'avance.

Les incendiaires et les assassins! ce sont les misérables que la mort ou la fuite a ravis à la justice : les

Eudes, les Mégy, les chefs de bandes Pellicot, Bontemps et leurs acolytes !

Malheureusement, la plus coupable de leurs complices a su déjouer toutes nos recherches et celles de la police : c'est une certaine femme portant le nom de Masson, nom d'emprunt, de concubine sans doute, et qui, au dire de la nommée Suétens, serait d'origine prussienne. Il nous a été impossible d'obtenir les renseignements indispensables pour établir son état civil et commencer contre elle la procédure par contumace.

En ce qui concerne l'emploi du pétrole, tous les témoins sont unanimes, aucune des prévenues n'ignorait les desseins des insurgés, puisqu'elles criaient à tue-tête : « Il faut que Paris saute ! » En vain elles repoussent toute participation à l'émeute et à l'incendie et cherchent à se donner un rôle sublime rempli de charité et de dévouement. Ce qu'elles ne peuvent nier, c'est qu'elles ont sciemment aidé les bandes dites Enfants perdus et le 135e bataillon fédéré, et qu'elles les ont assistés dans leurs exploits criminels, notamment les 22 et 23 mai.

En conséquence, notre avis est qu'il y a lieu de mettre en jugement les nommées Élisabeth Rétiffe, Léontine Suétens, Joséphine Marchais, Eulalie Papavoine et Lucie Maris, femme Bocquin, savoir :

Les quatre premières, sous l'accusation :

1° D'avoir fait partie, en qualité de cantinières ou ambulancières, d'une bande qui a tenté de changer le gouvernement, excité à la guerre civile en armant les citoyens les uns contre les autres, et qui a porté la dévastation, le massacre et le pillage dans le septième arrondissement de Paris;

2° De complicité d'incendie d'édifices appartenant à l'État;

3° Complicité d'incendie d'édifices habités appartenant à autrui ;

4° Complicité dans l'assassinat commis sur la personne du nommé Charles-Émile Thomé,

En aidant et assistant, avec connaissance, les auteurs de ces crimes dans les faits qui les ont préparés et facilités, ou dans ceux qui les ont consommés;

5° Et de vol commis par plusieurs personnes dans les maisons habitées.

La femme Bocquin, pour :

1° Complicité d'attentats ayant pour but de changer le gouvernement et d'exciter à la guerre civile, en portant la dévastation, le massacre et le pillage dans le septième arrondissement de Paris ;

En aidant et assistant, avec connaissance, les auteurs de ces attentats dans les faits qui les ont consommés ;

2° Vol commis par plusieurs personnes dans une maison habitée;

Crimes prévus par les articles 87, 91, 97, 59, 60, 95, 434, 295, 296, 297, 302 et 385 du Code pénal.

RÉQUISITOIRE

Monsieur le président,
Messieurs les juges,

L'horrible campagne commencée le 18 mars dernier contre la civilisation par des gens qui ne croient ni à Dieu ni à la patrie, ainsi que l'avait proclamé Jules Vallès, un des leurs, devait amener devant vous non-seulement des hommes oublieux des devoirs les plus sacrés, mais encore et en grand nombre, hélas! des créatures indignes qui semblent avoir pris à tâche de devenir l'opprobre de leur siècle et de répudier le rôle immense et magnifique de la femme dans la société.

En effet, la femme légitime, objet de nos affections et de nos respects, alors que, tout entière aux soins de la famille, elle est son guide et sa protectrice; son utile et heureuse influence s'exerce sur tous, et l'homme que la nature a destiné à la subir est maintenu par elle dans la ligne des devoirs sociaux. Mais si, désertant cette sainte mission, son influence changeant de caractère ne sert que le démon du mal, elle devient une monstruosité morale; alors la femme est plus dangereuse que l'homme le plus dangereux : elle l'entraîne, elle étouffe en lui ce qui reste de louables instincts.

L'histoire nous en fournit la preuve : en 1793, les tricoteuses de clubs et les malheureuses qui méritèrent le surnom de « Furies de la Guillotine! » ont épouvanté le monde.

Pouvait-on craindre que cette indigne espèce se soit propagée! Par quelle terrible fatalité, en 1871, en retrouvons-nous des exemples? Celles qui sont ici devant vous sont les filles des mégères de 1793.

Là est le vice et la brutalité, la fureur! Si, du moins, toutes étaient privées des dons de l'intelligence, si toutes étaient illettrées, hors d'état de comprendre l'énormité de leur coupable action ! Eh bien, tout en les maudissant, peut-être pourrait-on les plaindre ; mais au milieu de ces femmes, et je me reproche de leur donner ce nom, vous en trouverez qui ne peuvent appeler à leur secours la misérable ressource de l'ignorance.

Alors que des esprits élevés, et nous devons les seconder avec ardeur, réclament cet important bienfait de l'instruction populaire, quelle amère déception pour eux, pour nous. Parmi les accusées, nous verrons des institutrices. Celles-là, Messieurs, ne pourront pas prétendre que la notion du bien et du mal leur était inconnue.

Et voilà où conduisent toutes les dangereuses utopies, l'émancipation de la femme prêchée par des docteurs qui ne savaient pas quel pouvoir il leur était donné d'exercer et qui, aux heures des soulèvements et des révolutions, voulaient se recruter de puissantes auxiliaires.

N'a-t-on pas, pour tenter ces misérables créatures, fait miroiter à leurs yeux les plus incroyables chimères: des femmes magistrats, membres des barreaux? Oui, des femmes avocats, députés peut-être, et, que sait-on? des commandants, des généraux d'armée.

Il est certain qu'on croit rêver, en présence de pareilles aberrations! Ces exagérations, vous vous le rappellerez, Messieurs, ont pris naissance dans des centres dont les femmes, quelques-unes célèbres, étaient les auteurs. Je ne leur infligerai pas le châtiment de les nommer.

Mais ces docteurs dont j'ai parlé plus haut, tous ces apôtres dans la religion du désordre s'en sont emparés, et, dans *le Rappel*, dans *la Marseillaise*, dans *l'Affranchi*, de Paschal Grousset, ont ouvert une école d'où sont sorties toutes ces héroïnes de l'immoralité, du vol et de l'incendie. Les unes, dans la chaire de nos temples, ont substitué à la parole de l'Évangile la propagande du crime. Les autres, profanant la pureté de l'enfance, ont usurpé, dans les écoles, les fonctions vénérées des sœurs de charité.

La femme Michel, institutrice, — elle comparaîtra devant vous, — transformait l'église Saint-Sulpice en club de la Révolution ; elle en était la présidente. A ses élèves, cinquante jeunes filles, elle débitait les plus étranges maximes et remplaçait, pour ces pauvres petits êtres, les cantiques à la Vierge Marie par les refrains de *la Marseillaise* et du *Chant du Départ*. Ce procès, Messieurs, sera d'une importance extrême parmi tous ceux qui vous seront soumis.

L'organe du ministère public, après avoir fait un tableau du désordre que ces femmes ont jeté dans les mœurs, dans la religion, dans l'honnêteté publique, arrive à l'exposé des faits de l'accusation.

A partir du 22 mai, il n'y a plus d'hommes politiques, d'insurgés : il y a des malfaiteurs, des assassins.

Suivons le 135e bataillon et les Enfants perdus arrivant rue de Lille au point du jour.

La Légion d'honneur était leur repaire, c'est là que le pétrole a été amené. Tous ceux qui se refusaient à obéir aux ordres de ces bataillons étaient emmenés comme le concierge Thomé pour y être fusillés. Tout était organisé pour le pillage et l'incendie ; ces cinq

femmes, on les a vues partout ; tous les témoins disent
qu'elles étaient armées.

L'hôtel de Béthune, l'hôtel Chabrol, le n° 8 de la rue
Solférino, sont livrés au pillage. Quels en sont les auteurs ? Le 135e bataillon et les Enfants perdus. A quel
corps appartenaient ces femmes ? Au 135e bataillon et
aux Enfants perdus. N'avez-vous pas vu comment le
concierge Thomé a été lâchement assassiné par les compagnons de ces malheureuses.

Cependant l'armée s'avance, les assassins n'ont plus
qu'à incendier le quartier pour cacher leurs meurtres
et leurs rapines. Les fédérés vont puiser des bidons de
pétrole aux soixante tonneaux arrivés dans la cour de
la Légion d'honneur et vont enduire de pétrole les
appartements et les meubles.

Or ces femmes, excepté la femme Bocquin, ont été
vues dans le quartier pendant les trois jours qui ont
précédé l'incendie.

Méritent-elles quelque indulgence ? Vous les avez
entendues répondre : ni franchise, ni repentir !

L'organe du ministère public rappelle les antécédents des
accusées, antécédents consignés au rapport, et demande pour
elles une déclaration de complicité d'incendie. On ne les a
pas prises la torche à la main ? Ah ! c'est qu'il était difficile
de rencontrer des témoins alors ; tout le monde se cachait,
craignant pour son existence.

Je requiers l'application de la loi contre ces femmes
pour tous les crimes dont elles sont accusées, et je réclame de votre justice l'application de la peine dans
toute sa rigueur.

JUGEMENT

M. le président prononce un jugement qui déclare :

Les filles Rétiffe, Suétens, Marchais et Papavoine coupables, à l'unanimité, d'attentat contre le gouvernement, d'attentat ayant pour but le massacre, le pillage et la dévastation, de vols commis par plusieurs personnes dans des maisons habitées, et, la fille Papavoine exceptée. de complicité par aide et assistance d'incendie de monuments publics et de maisons particulières ;

La femme Bocquin, par quatre voix contre trois, non coupable d'attentat contre le gouvernement, ni d'attentat ayant pour but le massacre, le pillage et la dévastation ; mais, à l'unanimité, coupable de vols commis par plusieurs personnes dans des maisons habitées ;

Toutes les accusées non coupables de complicité dans l'assassinat du concierge Thomé.

En conséquence, le Conseil condamne les filles RÉTIFFE, SUÉTENS et MARCHAIS à la peine de mort ;

La fille PAPAVOINE, à la déportation dans une enceinte fortifiée ;

La femme BOCQUIN, à dix ans de réclusion ;

Et toutes solidairement aux frais envers l'État.

ROSSEL

RAPPORT

M. le capitaine du génie Rossel était attaché à la place de Metz pendant la guerre contre la Prusse. Il s'évada sous un déguisement le jour même de l'entrée des Prussiens, et, passant par la Belgique et l'Angleterre, il se rendit à Tours auprès de M. Gambetta. Chargé par ce dernier d'aller dans le nord de la France, avec mission de s'assurer des forces militaires et des moyens de défense dont on pouvait disposer, il fut, à son retour, dans les premiers jours de décembre, nommé colonel auxiliaire, directeur du génie au camp de Nevers; c'est dans cette position que nous le trouvons lorsqu'a éclaté l'insurrection parisienne.

Une dépêche publiée par les journaux lui apprend que le gouvernement a quitté Paris et que cette ville est au pouvoir du mouvement insurrectionnel. A cette nouvelle, M. Rossel n'hésite pas. Il écrit immédiatement au ministre de la guerre à Versailles pour l'informer qu'il se décide à abandonner son poste et à se rendre à Paris pour offrir ses services à l'insurrection.

M. Rossel reconnaît parfaitement la lettre, avoue

qu'en l'écrivant il appréciait complétement la gravité
de l'acte qu'il commettait comme militaire ; de plus, il
n'a obéi à aucune influence étrangère. Il répète à
l'instruction que, sachant d'une part le gouvernement
disposé à se défendre, d'autre part, considérant l'importance du mouvement insurrectionnel qui constituait
par le fait le commencement d'une guerre civile, il
s'est rangé immédiatement du côté des rebelles.

A son arrivée à Paris, il se met immédiatement en
relation avec les membres du comité du dix-septième
arrondissement; présenté par eux au comité central
de l'Hôtel de ville, il reçoit le commandement de la
légion du dix-septième arrondissement. Son zèle à
établir la discipline dans la légion mécontenta le comité d'arrondissement, qui le fit arrêter le 2 avril.

Relâché par les soins d'un de ses officiers, il est
choisi par le sieur Cluseret, délégué à la guerre, pour
remplir les fonctions de chef d'état-major. Il a occupé
ce poste jusqu'au 26 avril. A cette époque, il donne sa
démission, qui est acceptée, tout en continuant offi-
cieusement son service jusqu'aux derniers jours du
mois. Le 30 avril, M. Rossel est nommé provisoirement délégué à la guerre.

Pendant la période qui a précédé sa nomination de
délégué, M. Rossel fut chargé par la Commune de
présider la Cour martiale. Cette Cour, instituée par la
Commune le 16 avril, avait spécialement pour mission
de juger sommairement les citoyens qui refusaient de
marcher contre l'armée française.

Les principales peines appliquées étaient : la mort,
les travaux forcés, la détention, etc., etc. La peine de
mort était surtout fréquemment appliquée. Le président se faisait remarquer par sa rigueur inflexible et
le zèle ardent qu'il a mis, du reste, jusqu'au 10 mai,

avec une constance infatigable, au service de la Commune. C'est sans doute ce zèle qui le fit choisir pour les fonctions dont nous le trouvons investi le 30 avril.

Les premiers ordres émanés de son commandement et signés par lui ont été publiés par le *Journal officiel* de la Commune dans son numéro du 2 mai, ils concernent les officiers d'état-major et la centralisation de l'artillerie de l'insurrection. Jusqu'au 9 mai, chaque jour voit paraître de nouveaux ordres et arrêtés, signés par le délégué à la guerre. Dans ces fonctions, M. Rossel était aidé par une commission composée des nommés Arnold, Avrial, Delescluze, Tridon et Varlin, chargés des détails du service, mais qui lui laissaient toute l'initiative.

Le 10 mai, la Commune décrète l'arrestation de M. Rossel; il a le temps d'échapper en compagnie du nommé Gérardin, et se cache dans Paris jusqu'au moment de son arrestation définitive, opérée le 7 juin par les agents de l'autorité régulière. Déguisé en contre-maître du chemin de fer de l'Est, il possédait même une lettre adressée à un nommé Tuébois, contre-maître du chemin de fer de l'Est, par le chef du matériel de la Villette, dans le but de se créer une fausse identité. Reconnu par plusieurs témoins, il se décida à avouer son nom et ses titres.

Le capitaine Rossel, en acceptant successivement les fonctions de chef de légion, de président de la Cour martiale, de délégué à la guerre, a occupé volontairement des emplois militaires au service de l'insurrection; il a fait acte de gouvernement comme ministre; tous ses ordres, arrêtés en parfait accord avec la Commune, ont été exécutés.

Pendant son séjour au ministère, il a spécialement dirigé les opérations militaires contre l'armée du gouvernement régulier. Sans être membre de la Commune, il a tout fait jusqu'au 10 mai pour la rendre victorieuse, et, en acceptant les pouvoirs militaires qu'elle lui a confiés, il est devenu responsable par ce fait même des actes commis par les chefs des bandes armées de l'insurrection.

Son arrestation du 10 mai ne lui enlève rien de sa culpabilité, son trop de zèle et d'activité a excité les soupçons de la Commune ; enfin, comme il l'avoue lui-même, aucune influence étrangère n'a dicté sa conduite, dont il accepte toute la responsabilité, et il n'a pas hésité un instant, malgré sa position de militaire et le grade qu'il avait dans l'armée, à porter les armes contre la France.

En présence de ces faits, notre avis est que M. Louis-Nathaniel Rossel, capitaine du génie, soit traduit devant le Conseil de guerre, pour :

1° S'être rendu coupable de désertion à l'intérieur;

2° Avoir participé à un attentat ayant pour but de changer la forme du gouvernement, d'exciter à la guerre civile en armant les citoyens les uns contre les autres;

3° Avoir levé et fait lever des troupes armées, fait engager et enrôler des soldats, fourni et procuré des armes et munitions sans ordre ni autorisation du pouvoir légitime;

4° Ayant le commandement de bandes armées, les avoir dirigées dans l'attaque et la défense contre la force publique agissant contre ces bandes qui ont envahi pour les piller et les dévaster les propriétés, les forteresses, les magasins, les postes, les arsenaux et les bâtiments appartenant à l'État;

5° Avoir ainsi, comme militaire, porté les armes contre la France;

Crimes prévus et punis par les art. 231, 233 et 204, 208 du Code de justice militaire, 91, 92, 96, 97 du Code pénal ordinaire.

RÉQUISITOIRE

Monsieur le président,
Messieurs les juges,

J'ai à remplir une mission pénible. Je dois établir devant vous et devant l'armée entière, si intéressée dans ce procès, qu'il s'est trouvé dans nos rangs, au moment où était adressé un pressant appel au dévouement et à l'esprit de sacrifice de tous, il s'est trouvé un officier qui, violant le serment le plus sacré, a tourné contre la patrie les armes qu'il avait reçues pour la défendre. Tâche douloureuse que j'accomplirai en peu de mots, car je m'adresse à des juges qui ont mission de sauvegarder l'honneur militaire.

Le 19 mars dernier, au moment où la nouvelle de l'insurrection parvenait à Nevers, l'accusé, capitaine du génie, adressait au ministre de la guerre cette lettre étrange qu'il appelle sa démission. Il partait le même jour pour Paris et se présentait, à son arrivée, au comité central, directeur du mouvement insurrectionnel. Il fut nommé successivement aux fonctions suivantes : commandant supérieur du dix-septième arrondissement, chef de légion, chef d'état-major de Cluseret, président de la commission des barricades, président de la Cour martiale, enfin délégué à la guerre et chargé de la direction des opérations militaires.

Par cette conduite criminelle, l'accusé a trahi tous ses devoirs comme homme, comme citoyen, comme soldat.

Comme homme, en pactisant, lui, officier intelligent et instruit, avec des misérables qui devaient terminer leurs forfaits par l'assassinat et l'incendie ; comme citoyen, en choisissant, pour commettre cette trahison, le moment où la patrie avait le plus grand besoin du concours de tous ses enfants ; comme soldat, en reniant le drapeau tricolore pour prendre en main l'étendard de la révolte, souillé déjà du sang de deux généraux.

La solidarité qui relie étroitement tous les membres de l'armée fait rejaillir sur nous toute la tache indélébile qu'il a imprimée à l'honneur militaire. Cette conduite criminelle implique plusieurs chefs d'accusation. Les deux premiers sont l'attentat contre le gouvernement et l'attentat ayant pour but d'exciter à la guerre civile. Le premier consiste dans les offres de service de l'accusé au gouvernement insurrectionnel, dans les fonctions importantes qu'il a occupées, et surtout dans sa déclaration au ministre : « Instruit par une dépêche de Versailles qu'il y a deux partis en lutte dans le pays, je me range sans hésitation du côté de celui qui n'a pas signé la paix, etc. » Le deuxième résulte des pièces contenues dans son dossier, notamment dans une invitation adressée aux communes voisines de se mêler à la révolte.

En outre, l'accusé a à répondre du fait d'avoir pris, sans ordres du pouvoir légitime, le commandement d'une troupe armée ; d'avoir, en exerçant les fonctions de délégué à la guerre, exercé le commandement supérieur de bandes armées pour faire résistance à la force publique.

Les divers mandats qu'il a remplis constituent d'ailleurs l'usurpation de titres de fonctions publiques définies par l'art. 258.

L'accusé a été président de la commission des barricades, et la lecture des pièces éclairera le Conseil sur la part qu'il y a prise.

Il a été président de la Cour martiale, et, en cette qualité, il a rendu des jugements qui achèvent de constituer le crime prévu par l'art. 341, la séquestration de personnes. A ce sujet, je rappellerai au Conseil que, créées par la loi du 29 octobre 1790, les Cours martiales ont été instituées pour juger des crimes contre l'honneur militaire, commis devant l'ennemi et par des soldats légalement liés au service du pays; je l'ai dit déjà, l'application de cette juridiction sommaire envers des gardes nationaux qui refusaient de marcher contre le gouvernement légitime était déjà une atteinte criminelle aux droits des citoyens. Les condamnations prononcées constituent de nouveaux attentats. Vous aurez donc à appliquer à l'accusé les art. 341 et 342 du Code pénal, car la séquestration des personnes condamnées a duré plus d'un mois.

Je passe maintenant au crime qui domine tous les autres, au fait de désertion à l'ennemi, prévu par l'art. 238.

De tout temps, Messieurs, le crime de trahison a été puni des peines les plus rigoureuses. Chez les Romains, le soldat qui passait à l'ennemi subissait la torture, puis il était condamné à être livré aux bêtes ou à la fourche, après avoir été dégradé. La loi du 12 mai 1793 comprend l'article suivant : « Art. 1er.

Tout militaire qui passe à l'ennemi ou chez les rebelles sera puni de mort. »

(Suit une argumentation basée sur les lois des 12 mai 1793, 30 prairial an III, 1er vendémiaire an IV, 21 brumaire an V, et prouvant que le législateur a prétendu assimiler le fait de passer aux rebelles au crime de désertion à l'ennemi, crime puni de la peine de mort.)

L'accusé prétend que c'est en haine des capitulations signées dans la dernière guerre qu'il s'est jeté dans l'insurrection. Il dit qu'il eût prêté son concours à tout gouvernement protestant contre ces traités. Mais, en supposant que ce sentiment l'ait guidé, pourquoi imputer ces capitulations au gouvernement d'alors qui n'y avait eu aucune part, puisqu'il n'avait été institué qu'après l'armistice?

S'il y a des coupables, les premiers sont ceux qui, en présence des préparatifs ostensibles de la Prusse, refusaient les moyens de réorganiser notre état militaire, sous le prétexte que les armées permanentes avaient fait leur temps ; ce sont ceux qui poussaient à la guerre, sachant que nous n'étions pas en mesure de la soutenir; ce sont enfin ceux qui ont jeté deux cent mille hommes dans le coin formé par la Lauter et le Rhin, tandis que six cent mille Prussiens se déployaient de l'autre côté, et les enveloppaient pour fondre ensuite sur eux en masses supérieures; mais le gouvernement actuel n'est pour rien dans ces faits.

Quant au traité de paix, la France a dû le subir; la guerre à outrance prêchée alors n'eût fait qu'accroître ses désastres.

Non, Messieurs, ce n'est pas là seulement ce qui a

poussé l'accusé à la trahison ; il a eu un autre et puissant mobile, une ambition outrée.

Capitaine à vingt-quatre ans, après cinq ans de services effectifs, en possession de ce grade depuis moins de deux ans, n'ayant d'autre campagne que celle du siége de Metz, l'accusé devait s'estimer heureux, surtout en voyant ses camarades, hommes de mérite, attendre patiemment pendant de longues années le grade de chef de bataillon. Je ne mets pas en doute son intelligence et ses capacités, mais le corps auquel il appartient, réputé à juste raison arme savante, ne manque pas d'officiers d'élite.

Il avait sans doute la prétention de conserver le grade de colonel qui lui avait été attribué en dehors de toutes les règles, à la suite d'une inspection des forces militaires du Nord.

Je termine, Messieurs, en vous adjurant d'appliquer rigoureusement la loi, car il s'agit ici de réprimer le plus grand crime qui puisse être commis sous l'uniforme que nous avons l'honneur de porter, et de faire un exemple éclatant qui garantisse à l'avenir l'armée de défaillances aussi coupables et aussi dangereuses.

En conséquence, je requiers contre l'accusé l'application rigoureuse des art. 87, 88, 91, 93, 96, 258, 341, 342 du Code pénal et 238 du Code de justice militaire.

JUGEMENT

Le Conseil prononce un jugement qui, à l'unanimité, déclare Rossel coupable sur tous les chefs et le condamne à la peine de mort et à la dégradation militaire.

HENRI ROCHEFORT

MARET & MOUROT

(AUDIENCE DES 20 ET 21 SEPTEMBRE 1871)

RAPPORT

M. de Rochefort, homme de lettres, s'était déjà signalé à l'attention publique par de nombreux articles
de critique parus dans les journaux, et par quelques
pièces de théâtre d'un genre nouveau fort à la mode,
lorsqu'en 1868 il fonda la *Lanterne* et devint dès lors
le champion le plus ardent du parti révolutionnaire.
La notoriété attachée à son nom date de cette époque,
et les événements qui accompagnèrent la mort violente
de Victor Noir vinrent augmenter sa popularité et faire
de lui un chef de parti, un drapeau qui rallia les éléments de la lutte contre le pouvoir établi. Élu député l'année suivante par le vingtième arrondissement,
M. de Rochefort devint le représentant favori de cette
classe de la population parisienne dont il avait flatté
les mauvais instincts et encouragé les sentiments de
révolte contre le pouvoir, et, à ce titre, il fut appelé à
faire partie du Gouvernement de la défense nationale.

Pendant le siége de Paris, au milieu des difficultés

de toute sorte que créait au Gouvernement de la défense l'investissement de la capitale, M. de Rochefort, faisant de plus en plus cause commune avec le parti révolutionnaire, se sépara de ses collègues gouvernants qui se refusaient à laisser établir un second gouvernement — la Commune — dans une ville assiégée. Par ce fait il se déclare ouvertement le partisan de la Commune, et, aussitôt après l'acceptation des préliminaires de paix, il donne sa démission de député, prétendant que son mandat était rempli, et se retire à Arcachon, où, atteint d'une maladie grave, il se trouve à peine convalescent à l'époque des événements du 18 mars. Mais, dès les premiers jours d'avril, il s'empresse de venir reprendre la direction du *Mot d'ordre*, qui, après avoir été supprimé par décision de M. le général Vinoy, commandant militaire de Paris, avait reparu aussitôt l'établissement de la Commune ; il arrive sur le théâtre de la lutte le 8 ou le 10 avril.

A dater de ce moment, M. de Rochefort, qui n'est plus retenu par aucun frein, donne carrière à ses sentiments de haine contre le gouvernement régulier. — Il ne connaît, dit-il, aucun de ces hommes qui s'imposent à Paris, sans mandat, et qui se sont mis à la tête du mouvement révolutionnaire : il exerce même sa verve contre quelques-uns d'entre eux ; mais il est avec les révoltés, et il est avec la Commune, il encourage son principe dans tous ses articles, jugeant avec raison que l'influence qui lui est acquise fera respecter sa personne par les chefs qu'il attaque. Ses avis, quoique présentés dans son journal sous une forme indirecte, sont écoutés ; son concours, si déguisé qu'il puisse être, est évident, et chacun des actes de la Commune semble ressortir de l'article déjà publié par le *Mot d'ordre*.

Le bulletin quotidien des opérations militaires signale les mouvements de l'ennemi, indique ce qu'il y aurait lieu de faire pour le combattre et l'atteindre plus sûrement. Des succès imaginaires dont l'inexactitude pouvait, dans la plupart des cas, ne pas être douteuse pour le rédacteur en chef du *Mot d'ordre*, viennent entretenir les espérances des insurgés, en même temps que l'annonce des combats malheureux est retardée avec une préméditation évidente; les racontars les plus absurdes, et dont la fausseté, démontrée par le plus simple bon sens, ne pouvait échapper à l'intelligence de .M. de Rochefort, étaient publiés dans son journal et alimentaient l'excitation populaire.

C'est ainsi que de prétendus zouaves pontificaux étaient mis en scène ayant des drapeaux armoriés dont s'étaient emparés les soldats de la Commune; que le gouvernement de Versailles était muni de matériel cédé par les Prussiens ou à eux acheté; qu'il était encore accusé de se servir de balles explosibles ou de bombes à pétrole, et que nos généraux les plus connus et les plus respectables étaient présentés comme se livrant à des actes de cruauté et de barbarie. L'excitation à la guerre civile et au renversement du gouvernement régulier ressort de tous ces faits, aussi bien que l'accusation, plusieurs fois répétée, portée contre le Gouvernement de vouloir réduire Paris par la famine; des injures inqualifiables répandues sur le chef du pouvoir exécutif, sur les ministres, sur la Chambre, sur nos généraux.

Alors le rédacteur en chef du *Mot d'ordre*, sentant les esprits préparés à tous les excès, lance l'idée de la démolition de la maison de M. Thiers, en manière de représailles; il signale les richesses artistiques qu'elle contient, et signale également les habitations d'autres ministres; il revient avec insistance sur cette idée; le

17 mai, il invite le peuple, au nom de la justice, à brûler de sa main cet autre monument dépravateur qui s'appelle l'*Histoire du Consulat et de l'Empire;* enfin il applaudit à l'exécution de ces actes de vandalisme. Il n'a point demandé la destruction de la colonne Vendôme, mais il approuve le décret, et exprime sa satisfaction le jour où des mains infâmes ont osé consommer ce sacrilége !

Après un attentat aussi odieux et qui sera la honte éternelle de ceux qui l'ont commis, M. de Rochefort cherche dans son imagination futile d'autres infamies à jeter en pâture aux misérables qu'il entraîne. Jusquelà, les trésors de l'Église avaient été respectés; ils sont signalés par le *Mot d'ordre* à l'attention de la Commune, et lorsqu'on reproche à son rédacteur en chef cette nouvelle excitation au pillage, il affirme qu'il regrette ne pas en connaître d'autres à indiquer; il demande la destruction de la chapelle expiatoire de Louis XVI, et donne l'idée d'aller s'emparer des joyaux de la couronne qui doivent être déposés à la Banque.

Enfin, M. de Rochefort, engagé dans une voie qui doit, par une progression naturelle, le faire arriver aux extrêmes, en vient à provoquer à l'assassinat : de même qu'il a désigné aux démolisseurs la maison de M. Thiers, aux bandits mis en liberté par la Commune les trésors de l'Église, il signale aux assassins les malheureux otages dont la France entière porte aujourd'hui le deuil. M. de Rochefort sait, il est vrai, présenter ces idées d'une façon très-habile; s'il les lance par une phrase adroite en terminant un article, il paraît aux yeux de tous n'attacher aucune importance à son exécution; si c'est au commencement, il les déconseille à la fin, et c'est là ce qui le condamne non-seulement aux yeux des honnêtes gens, mais vis-à-vis de ses partisans, car il cherche à se soustraire à la responsabilité. Ainsi a-t-il fait pour la maison de M. Thiers, ainsi a-t-il fait pour le pillage, ainsi fait-il pour les otages.

Nous lisons, en effet, dans le *Mot d'ordre* du 29 avril, ce paragraphe terminant l'article intitulé : *la Question Blanqui :*

Et les mêmes hommes qui déchirent ainsi sans vergogne tous les pactes sociaux se sont déchaînés contre la Commune à propos de la loi des *otages*. Mais, malheureux ! *c'est à croire que vous voudriez la pousser à l'appliquer !*

Quelque temps après, la Commune discute le décret relatif aux otages et le moyen de l'exécuter ; mais elle recule sans doute elle-même devant l'application immédiate qu'elle vient d'ordonner. Alors M. de Rochefort, dans un article écrit trois semaines après celui que nous venons de citer, rappelle à ces forcenés que le moment des représailles est arrivé.

Nous lisons, en effet, à la date du 20 mai, dans les premières lignes du *Mot d'ordre*, les paroles suivantes :

La dernière séance de la Commune a été consacrée en partie à l'examen du mode d'application du décret relatif aux *otages*.

Si, comme tout semble l'indiquer, les auteurs de l'explosion de la cartoucherie Rapp sont des agents du gouvernement de Versailles, on ne saurait user de trop de représailles contre des bandits qui mettent lâchement et inutilement le feu à des établissements occupés par des femmes, et le gouvernement de Paris serait impardonnable s'il ne faisait pas prompte et exemplaire justice de ces actes que leur horreur même rend presque incompréhensibles.

Il nous semble superflu de faire ressortir le sens de

ces paragraphes dont tous les termes provoquent à l'assassinat; et si M. de Rochefort, dans son interrogatoire, et pour se disculper de cette grave accusation, argue d'un article dans lequel il semble exprimer toute son horreur pour le meurtre, nous opposerons les paroles suivantes, écrites précédemment par lui, le 5 mai, dans le *Mot d'ordre* :

Les moyens violents ne nous répugneraient pas plus que d'autres, le jour où nous les croirions nécessaires, et, si nous nous appelions la Commune, nous aurions forcé depuis longtemps M. Thiers à nous restituer Blanqui.

Dans le même interrogatoire, M. de Rochefort croit encore devoir opposer à l'accusation relative à cette question un article dans lequel il condamnait, un mois avant, le système des représailles

Mais, le 29 avril aussi bien que le 20 mai, cette appréciation est démentie surabondamment. Il est vrai que le *Mot d'ordre* ne paraissait pas le lendemain, mais c'est, nous croyons, pour d'autres raisons que celles de pure humanité; sans cela le rédacteur en chef eût prévenu ses lecteurs, surtout après cette lettre qui annonçait son intention de rester à Paris. Pourquoi encore, le 20 mai, le mot « otages » est-il écrit dans l'entête en caractères doubles de ceux employés d'ordinaire ?

M. de Rochefort voulait évidemment rappeler sur ce mot l'attention publique, et il n'est pas admissible que l'impression de caractères exceptionnels ait été faite sans une expresse recommandation.

D'autre part, les otages se composaient en grande partie de prêtres, de gendarmes ou d'agents de police, que M. de Rochefort avait constamment calomniés et diffamés Que n'avait-il pas dit, en effet, pour éveiller

contre eux et entretenir la haine de la population parisienne ? ne les avait-il pas désignés depuis longtemps à la fureur aveugle des sectaires de la Commune ? L'article du 20 mai n'était-il pas écrit l'avant-
veille du jour de l'entrée de notre armée dans Paris,
au moment où l'exaspération était à son comble, au
moment où une étincelle suffisait pour tout embraser ?
Pour nous, l'article du 20 mai complète celui du 5 ; cet
article est tout entier, nous le répétons, une provocation au massacre.

Le rédacteur en chef du *Mot d'ordre* devait, mieux
que personne, se rendre un compte exact de l'état des
esprits ; il savait bien que ce seul mot « otages » pouvait précipiter la catastrophe. Il a prononcé ce mot
provocateur, demandant de prétendues représailles
pour un malheur dont la masse peu éclairée pouvait
nous accuser, mais dont le plus simple bon sens devait nous absoudre. Pour nous, il fait plus que partager
avec les exécuteurs la responsabilité de ces horribles
attentats.

Enfin, lorsque l'heure de la justice a sonné, lorsque
la Commune, acculée dans ses derniers retranchements,
va expier ses forfaits, son champion déclaré, M. de
Rochefort, va-t-il bravement rester sur la brèche, au
milieu de ceux qu'il a fanatisés ?

Non. M. de Rochefort les abandonne, il cherche à se
rendre méconnaissable, prend un faux nom et fuit.

Mais la justice l'atteint, et, au nom du pays en péril,
au nom de la société indignement outragée, elle le
retient pour lui demander compte de ses actions.

En conséquence des faits qui précèdent, nous
sommes d'avis qu'il y a lieu d'ordonner la mise en jugement de M. de Rochefort-Luçay, homme de lettres.

(Suivent les rapports sur Maret et Mourot, relevant surtout

les articles signés ou non signés qu'ils ont publiés dans le
Mot d'ordre, et concluant contre eux aux mêmes chefs d'accusation que contre Rochefort.)

RÉQUISITOIRE

Monsieur le président,
Messieurs les juges,

Vous avez jugé les chefs de l'insurrection du 18
mars; les accusés d'aujourd'hui ouvrent la série des
chefs occultes. Les premiers ont combattu le gouvernement avec les bombes à pétrole, les exécutions
sommaires, les torches incendiaires; ceux-ci ont employé des armes non moins terribles. Leur plume
trempée dans le venin et dans le fiel a agi dans l'ombre, mais elle a fait de cruelles blessures. Par des articles infâmes, ils ont répandu le mensonge, l'injure,
la calomnie sur tout ce qu'il y a de plus sacré et de
plus respectable; ils ont prêché le crime et se sont
donné la satisfaction de le voir commettre sous leurs
yeux.

Le premier des accusés a été un des chefs de cette
école détestable qui a perdu nombre de jeunes gens
honnêtes et intelligents, et qui a contribué à jeter en
France les germes de la démoralisation qu'il faut se
hâter de faire avorter. Je rappellerai tout à l'heure les
antécédents de cet homme qui est parvenu à une célébrité malsaine.

Vous savez déjà, Messieurs, la voie qu'il a suivie
avant d'arriver sur ces bancs : toujours à l'affût du
scandale dont sa vie n'est qu'un long exemple, il n'a .

jamais rien respecté; il a fait bon marché de tout : la famille, la religion, la patrie, rien n'a trouvé grâce devant ses violentes attaques. Ce commerce l'a enrichi : la *Lanterne* lui rapportait 25,000 fr. par semaine.

C'est qu'en ce temps où l'amour du prochain tend à devenir un mythe pour faire place à l'odieuse envie et aux sentiments les plus abjects, il est très-fructueux de spéculer sur l'attrait des publications scandaleuses.

Joueur effréné, Rochefort a, d'ailleurs, jeté au hasard une partie de ce bien mal acquis.

Avant d'aller plus loin, je dois éclairer le Conseil sur les antécédents des accusés, et, pour être exact, je lui demanderai la permission de faire lecture des notices suivantes, puisées à bonne source.

Je commence par M. Rochefort.

Le comte Henri-Victor de Rochefort-Luçay est né à Paris, le 30 janvier 1830. Élevé, à titre de boursier, au collége Saint-Louis, il adressa, en quatrième, au duc de Montpensier, une pièce de vers qui lui valut un porte-crayon d'or. Il composa aussi, pour un concours des jeux floraux, un sonnet à la Vierge.

Il avait été admis, depuis le 1er janvier 1851, comme expéditionnaire dans les bureaux de l'Hôtel de ville. En 1861, il était nommé dans cette administration sous-inspecteur des beaux-arts.

Il donnait sa démission en 1865, époque où des succès au théâtre et dans la presse parisienne lui avaient fourni les moyens de conquérir toute sa liberté.

Il entrait dans la vie politique en 1866 en publiant dans le *Figaro* des chroniques qui attirèrent sur ce journal les rigueurs administratives. La collection de ces chroniques a été publiée en 1866, 1867 et 1868, sous les titres de : *Les Français de la décadence*, — *La grande Bohême*, — *Les signes du temps*.

Écarté du *Figaro* par les menaces de l'administration, Rochefort profita de la loi libérale du 11 mai 1868 pour fonder un journal personnel, *la Lanterne*, dont le premier numéro parut le 1er juin suivant. Rochefort vint lui-même demander l'intervention de M. Piétri, alors préfet de police, pour obtenir l'autorisation de vendre son journal sur la voie publique, antérieurement à la publication du premier numéro.

C'est à partir de ce moment que commence la série des condamnations subies par M. de Rochefort. Le 5 août, il était condamné à 50 francs d'amende pour avoir omis d'insérer, dans le numéro de la *Lanterne* du 25 juillet 1868, un communiqué qui lui avait été adressé par l'autorité publique antérieurement à la publication dudit numéro. Ce communiqué répondait à l'accusation portée contre le gouvernement d'avoir tenu enfermé à Charenton, plus de dix-huit mois, le sieur Sandon; il consistait en un rapport de M. Tourangin, sénateur, publié au *Moniteur universel* du 20 février 1863. Le même jour, Rochefort était condamné à quatre mois de prison et 200 fr. d'amende pour avoir, le 9 juillet 1868, porté volontairement des coups au sieur Rochette, imprimeur du journal *l'Inflexible*, à Paris (voir le *Droit* des 6 et 23 août 1868).

A l'occasion de la publication du n° 11 de la *Lanterne*, M. Rochefort était condamné par défaut, le 14 août 1868, pour offenses envers la personne de l'empereur et excitation à la haine et au mépris du gouvernement, à une année d'emprisonnement et 10,000 fr. d'amende.

A l'occasion du treizième numéro de la *Lanterne*, M. Rochefort était condamné par défaut, le 28 août 1868, par la sixième chambre du tribunal correctionnel de la Seine, à treize mois de prison et 6,000 fr.

d'amende, pour offense envers la personne de l'empereur, excitation à la haine et au mépris du gouvernement et outrage à une religion reconnue en France.

Le 26 juin 1869, il était condamné de nouveau pour
excitation à la haine et au mépris du gouvernement,
offenses envers l'empereur, et de complicité d'intro-
duction en France d'un journal étranger non autorisé,
à trois années d'emprisonnement, 10,000 fr. d'amende
et interdiction, pendant un espace de temps égal à la
durée de la peine contre lui prononcée, des droits men-
tionnés en l'art. 42 du Code pénal.

A la suite de ces condamnations répétées, M. Rochefort devint un véritable personnage politique ; il fut
porté comme candidat aux élections générales de mai
1869 dans la septième circonscription, et obtint au
premier tour de scrutin 10,033 voix sur 34,308 votants.

Au second tour de scrutin, pour s'assurer les voix
de M. Cantagrel qui se désistait en sa faveur, il donna
à ses professions de foi un caractère socialiste qu'elles
n'avaient pas eu d'abord et réunit 14,786 voix, contre
18,267 obtenues par M. Jules Favre. Aux élections
partielles du mois de novembre, il fut porté comme
candidat dans la première circonscription et, bravant
l'exécution des jugements prononcés contre lui, il
rentre en France pour se jeter de sa personne dans la
lutte.

Dans les réunions publiques organisées en sa faveur,
il accepta un mandat impératif et s'engagea à venir
régulièrement rendre compte à ses électeurs de ses actes et à prendre leurs ordres. Il fut élu par 17,978 voix,
sur 34,461 votants.

En exécution des engagements pris par lui, M. Rochefort rouvrit, à la Villette, des réunions publiques,

où il fit décréter la fondation d'un journal ayant pour titre : *la Marseillaise.*

Élu rédacteur en chef, il eut pour collaborateurs, désignés par les clubistes, MM. Flourens, Millière, Arthur Arnould, Ducasse et autres orateurs des réunions publiques. Dereure fut le gérant.

Après le meurtre de Victor Noir, M. Rochefort attaqua le gouvernement avec tant de violence que les numéros des 12 et 13 janvier 1870 du journal *la Marseillaise* furent saisis.

La Chambre ayant, à la majorité de 224 voix contre 34, autorisé les poursuites, M. Rochefort fut cité le 22 janvier devant la sixième chambre du tribunal correctionnel et condamné pour offense envers la personne de l'empereur et les membres de la famille impériale, et pour provocation à commettre un ou plusieurs crimes, à six mois de prison et 3,000 fr. d'amende.

Le 7 février, en exécution du jugement rendu le 22 janvier, M. Rochefort fut arrêté à la Villette, au moment où il allait présider une de ses réunions publiques. Gustave Flourens, qui se trouvait à la salle de la Marseillaise en apprenant son arrestation, donna le signal d'un soulèvement promptement réprimé.

Le 4 septembre, M Rochefort fut délivré par le peuple de la prison Sainte-Pélagie, où il avait été écroué, et proclamé membre du Gouvernement de la défense nationale. On sait le rôle effacé qu'il joua jusqu'au 31 octobre, et son attitude assez extraordinaire dans la soirée de ce jour. Après avoir été président de la commission des barricades il donna, le 1er novembre, sa démission de membre du Gouvernement de la défense nationale.

Le 3 février, il publiait le premier numéro du *Mot d'ordre*, journal destiné à remplacer la *Marseillaise.*

C'était un moyen d'assurer le succès de sa candidature aux élections de février. Il obtint à Paris 191,211 voix, et fut élu le sixième. Il se rendit aussitôt à Bordeaux pour remplir son mandat législatif, et c'est dans cette ville qu'il apprit la suppression du journal *le Mot d'ordre* par M. le général Vinoy, commandant en chef de l'armée de Paris.

Je passe aux faits particuliers qui concernent l'accusé Mourot.

M. Mourot (Charles-Eugène) est né à Nant-le-Grand (Meuse), le 16 février 1848. Élevé au séminaire de Verdun, il vint à Paris en qualité de professeur, en attendant l'âge voulu pour l'ordination. Mais quelques articles théologiques publiés par lui et vivement blâmés par M. Veuillot le déterminèrent à renoncer à l'état ecclésiastique.

Il avait commencé des études de droit que l'insuffisance de ses ressources l'avait obligé de suspendre, et il travaillait depuis trois ans, comme rédacteur, au grand *Dictionnaire universel du dix-neuvième siècle* de Pierre Larousse Il avait aussi collaboré à quelques feuilles du quartier latin, où il s'était fait remarquer, en plusieurs circonstances, par ses idées avancées.

Le 2 novembre 1867, on l'avait vu au cimetière Montmartre, prenant part à une manifestation aux abords de la tombe de Manin.

Le 24 février 1868, il était allé déposer une couronne sur la place de la Bastille, et avait protesté par lettre (voir le *Siècle* du 28 février 1868) contre les mesures de police prises pour empêcher ces manifestations.

Au mois de novembre 1869, il déclara l'intention de publier un journal non politique, ayant pour titre : le *Père Duchêne*. Il était, en effet, le prête-nom de Gustave Maroteau, ancien secrétaire de Jules Vallès, et encore trop jeune pour pouvoir prendre la gérance d'un journal; ses collaborateurs étaient Alphonse Humbert, Vermesch et Charles Longuet; les deux premiers devenus tristement célèbres sous la Commune par la rédaction du *Père Duchêne*, et le dernier chargé, sous le même régime, de la direction du *Journal officiel*.

Dès le premier numéro (2 décembre 1869), le journal *le Père Duchêne* viola ouvertement la loi en traitant de matières politiques.

La 6e chambre du tribunal civil de la Seine, dans son audience du 8 décembre 1869, condamna le gérant Mourot à deux mois d'emprisonnement et à deux amendes de 100 fr. chacune, pour publication, dans les numéros des 3 et 4 décembre, de matières politiques sans avoir versé de cautionnement.

La suppression du journal nonobstant appel fut en même temps prononcée (*Droit* du 9 décembre 1869).

Le journal ayant continué de paraître, Mourot fut condamné, le 22 décembre 1869, à trois mois de prison et trois amendes de 100 fr. (peines se confondant avec celles prononcées le 8 décembre), pour avoir inséré des matières politiques dans les numéros des 7, 8 et 9 décembre, d'une feuille non cautionnée (voir le *Droit* du 23 décembre 1869).

Le journal *le Père Duchêne*, dont trois numéros consécutifs avaient été saisis, cessa de paraître, M. Mourot ayant refusé sa signature comme gérant, et l'imprimeur Gaittet ses presses.

Au mois de juillet 1870, M. Mourot déclara à la préfecture de police avoir l'intention de publier un journal non politique, ayant pour titre : *la Petite Marseillaise*.

A l'expiration des peines encourues, il était entré à la *Marseillaise* et avait collaboré ensuite au *Journal du Peuple*. La *Petite Marseillaise*, fondée sous la direction de M Rochefort, avait pour rédacteurs : Arthur Arnould, Germain Casse, Paschal Grousset.

Lors de la fondation du *Mot d'ordre*, M. Mourot entra à la rédaction de ce journal (3 février 1871) avec les sieurs Barberet, Georges Richard, Martin Bernard et Robert Halt. Après le 18 mars, il se prononçait en faveur de la Commune, et allait à Bordeaux chercher M. Rochefort, assez grièvement indisposé. Il le ramenait à Paris, reprenait la publication du *Mot d'ordre*, suspendue par décision du général Vinoy.

Avant de poursuivre, je ferai remarquer au Conseil que la suppression du *Mot d'ordre* par le général Vinoy appela sur lui la haine venimeuse de Rochefort.

Vous le verrez poursuivre de ses outrages et de ses injures ce noble et brave général, dont l'existence a été un long sacrifice à la patrie, qui, malgré son âge, vient de donner, dans ces derniers et funestes événements, de nouvelles preuves de vigueur et d'énergie.

Rochefort, comme propriétaire et auteur du *Mot d'ordre*, est responsable de tout ce qui y a été publié.

Mourot qui, sous le nom de secrétaire, en a été le gérant, qui avait dans son lot le chapitre des nouvelles du jour, qui dirigeait le journal en l'absence de Rochefort, est également responsable.

Le journal *le Mot d'ordre*, dont le titre seul trahit le but, a indiqué les crimes à commettre, les mesures violentes à prendre, et ses consignes ont été strictement exécutées.

Destinés à alimenter le feu de l'insurrection, ces articles, offerts en pâture journalière aux Parisiens, mais peu connus du reste de la France, doivent recevoir la plus grande publicité.

En résumé, Rochefort s'est empressé, malgré son état de maladie, de venir apporter son concours au gouvernement insurrectionnel, et ce n'est pas le 10 avril qu'il est arrivé à Paris, ainsi qu'il l'a prétendu d'abord, mais il y était dès le 1er de ce mois.

A la proposition qui lui était faite d'être nommé membre de la Commune, il a répondu par une lettre où il se prononce comme son partisan dévoué.

Puis, après avoir allumé l'incendie, averti sans doute de la prochaine rentrée de l'armée et effrayé de la terrible responsabilité qui pèse sur lui, il quitte furtivement Paris le 19 mai, après avoir cherché à donner le change sur sa détermination.

Par une lettre insérée dans le Mot d'ordre du 20 mai, il commet un mensonge flagrant en affirmant qu'il a renoncé à la publication de son journal, puisque cette feuille paraît encore le 20 mai, au moment où il était arrêté à Meaux.

Il ment encore quand il attribue à son esprit de patriotisme la suppression volontaire de son journal la Marseillaise pendant le siége. Une lettre de l'un des rédacteurs de cette feuille, à la date du 31 octobre 1871, prouve que cette suppression doit être attribuée au peu de succès qu'avaient alors, dans le danger pressant de la patrie, ses articles dont l'injure et la calomnie faisaient le fond.

Enfin cet homme, seul dans sa prison avec les souvenirs d'un passé si coupable, s'humilie devant ceux qu'il a tenté d'avilir, il se réclame de tous les personnages qu'il a connus, les invitant à lui tendre la main C'est ainsi qu'il s'est adressé en dernier lieu au général Trochu qui lui a répondu en ces termes :

1er septembre 1871.

Monsieur,

J'ai reçu à Paris la lettre que vous venez de m'écrire. Si je suis appelé devant la justice, soit par elle, soit par vous, j'aurai à déposer des faits suivants qui sont l'expression de la vérité absolue :

La députation qui est venue au Louvre, le 4 septembre au soir, pour me demander de me rendre à l'Hôtel de ville, me remit une liste des membres du Gouvernement provisoire où votre nom ne figurait pas. C'est à l'Hôtel de ville que je fus informé de votre présence dans le Gouvernement où on me demandait d'entrer comme ministre de la guerre, sous la présidence de M. Jules Favre.

J'acceptai sous la condition que le Gouvernement admettrait certains principes que je formulai immédiatement. Après avoir reçu de lui la réponse la plus nettement affirmative, je me rendis auprès du ministre de la guerre, général Palikao, pour l'informer de l'état des choses. A mon retour à l'Hôtel de ville, j'exprimai l'opinion que ce qui restait de l'armée se rallierait autour de moi, si j'étais le chef du Gouvernement de la défense, mais ne se rallierait probablement pas autour de M. Jules Favre.

Immédiatement et sans discussion d'aucune sorte, je fus nommé président du Gouvernement de la défense, au lieu et place de M. Jules Favre, devenu vice-président.

Vous n'avez donc pas été dans le cas d'insister, comme vous le dites, pour ma nomination à la présidence, car cette nomination a été faite sous mes yeux, à l'imprévu, et sur des observations relatives à l'esprit de l'armée, que j'avais présentées moi-même.

Je vous ai vu ce jour-là pour la première fois, et je vous ai vu pour la dernière la veille du 31 octobre.

Dans l'intervalle, c'est-à-dire pendant tout le temps que vous avez siégé à l'Hôtel de ville, je vous ai trouvé très-activement occupé de la défense, sans ambition personnelle apparente et plus modéré que votre autorité ne me l'aurait fait supposer. Plusieurs des mesures d'un caractère conservateur, que je proposais, ont été appuyées par vous. L'un de vos actes m'avait particulièrement touché.

Avec un autre membre du Gouvernement, dont je n'ai pas à rappeler le nom, vous avez refusé tout traitement pour votre participation à la direction des affaires. Mais j'ai appris depuis qu'après ce refus public, car il avait été fait en conseil, vous auriez secrètement réclamé le traitement dont il s'agit : circonstance qui a gravement compromis dans mon esprit votre caractère.

Je ne me rappelle pas vous avoir vu à l'Hôtel de ville le 31 octobre, au milieu des périls communs. Le lendemain, vous avez donné votre démission, mais je me refuse absolument à admettre qu'elle ait eu pour cause, comme vous me le dites, la négociation d'armistice que M. Thiers poursuivait en ce moment à Versailles.

Nous savions comme vous tous que l'idée de cet armistice venait du dehors, que le gouvernement informé en avait délibéré, qu'il s'était unanimement, vous présent, prononcé pour un ultimatum qui était l'armistice avec le ravitaillement de Paris, l'élection dans tous les départements, et la réunion d'une Assemblée nationale.

Ces délibérations, antérieures au 31 octobre, ne vous avaient pas conduit à vous retirer. Enfin, votre lettre de démission, lue au conseil le 1er novembre, exprimait purement et simplement qu'en présence des événements survenus, vous ne pouviez pas suivre le Gouvernement dans la voie où il s'engageait. Or, cette voie, c'était la lutte avec la démagogie dont les chefs venaient d'être décrétés d'arrestation.

Depuis, j'ai échangé avec vous une lettre au sujet d'une mère de famille dont le mari avait été tué à l'ennemi et pour laquelle vous demandiez en bons termes d'obtenir un secours du ministre de la guerre.

Là se sont arrêtés mes rapports avec vous.

En dernier lieu, on m'a fait lire dans les journaux, pendant le règne sanglant de la Commune, des articles tirés du journal *le Mot d'ordre* qui vous appartenait. Ils étaient du plus abominable caractère. L'un d'eux provoquait la foule à la destruction de la maison de M. Thiers. Il vous a achevé dans mon estime.

GÉNÉRAL TROCHU.

Il faut, Messieurs, mettre cet homme hors d'état de

nuire et en délivrer la société dont il a tenté de saper les bases. La loi vous en donne le moyen, appliquez-la-lui dans toute sa rigueur.

Quant à son satellite Mourot, il doit expier le mal qu'il a causé par sa participation aux méfaits du maître.

La juste répression des faits imputés à Maret sera un exemple pour cette génération de jeunes écrivains qui font de leur plume une arme de désordre, de calomnie et de basse vengeance.

En conséquence, je requiers contre les nommés Rochefort, Mourot et Maret toute la sévérité de la loi.

JUGEMENT

Dans la séance du 2 septembre 871, le Conseil prononce un jugement qui condamne :

ROCHEFORT à la déportation dans une enceinte fortifiée;

MOUROT à la déportation simple, et MARET à cinq ans de prison et 500 fr. d'amende.

L'audience est levée à huit heures.

LES ASSASSINS

DES GÉNÉRAUX

CLÉMENT THOMAS ET LECOMTE

LES ACCUSÉS

Les accusés déclarent se nommer :

Frédéric-Ernest **Verdagner**, sergent au 88e régiment de marche ;

Firmin **Masselot**, horloger ;

Émile **Gobin**, serrurier ;

Jaroslaw **Kadanski** (Polonais), menuisier ;

Simon-Charles **Mayer**, homme de lettres ;

Ferdinand-Joseph **Lair**, plâtrier ;

Charles **Leblond**, garçon marchand de vin ;

André **Heffener**, employé de commerce ;

Charles-Marie **Lagrange**, employé de commerce ;

Henri **Delabarre**, peintre décorateur ;

Gustave **Jurie**, employé de commerce ;

Arthur-Alfred **Chevalier** fils, cordonnier ;

François **Chevalier** père, cordonnier ;

Alexandre **Saint-Denis**, plombier ;

Pierre **Poncin**, cordonnier ;

Albert **Ribemont**, piqueur des ponts et chaussées ;

Émile **Flinois**, épicier ;

Vincent **Simonet**, ferblantier ;

Eugène **Genty**, sellier ;

Lacroix-Herpin, journalier ;

Fille Françoise **Dagasse**, couturière ;

Fille Marie **Bonnard**, couturière.

Mᵉ Denis a été nommé d'office pour défendre Verdagner, Delabarre, Jurie ; Mᵉ Galier de Saint-Sauveur, la fille Dagasse et Aldenoff ; Mᵉ Laviolette, la fille Bonnard et Kadanski ; Mᵉ Richer, choisi par la plupart de ses clients, défend Masselot, Arthur, Alexandre et François Chevalier, Lair, Leblond, Lagrange, Saint-Denis ; Mᵉ Niobey est le défenseur de Genty et Gobin ; Mᵉ Constant, celui de Simon Mayer et de Heffener ; Mᵉ Marchand, celui de Pierre Poncin et de Ribemont ; Mᵉ Lachaud père défend Flinois ; Mᵉ Ferré, Simonet ; Mᵉ Robert, Dupont et Lelièvre ; Mᵉ Courtois, Herpin, Lacroix ; Mᵉ de Ribes défend l'accusé Ras.

RAPPORT

(AUDIENCE DU 3 NOVEMBRE 1871)

Le 18 mars dernier, le général Lecomte fut chargé d'une expédition ayant pour but de reprendre les pièces d'artillerie que des comités occultes de la garde nationale détenaient arbitrairement aux Buttes-Montmartre.

L'opération devait avoir lieu avant le lever du jour.

Dès deux heures du matin, les buttes avaient été entourées à leur base par des pelotons du 88ᵉ régiment de marche, qui devaient interdire et garder toutes les entrées des rues, ruelles, ou des rampes conduisant aux sommets.

A trois heures, le général se mit en marche de sa personne avec deux colonnes d'infanterie à l'effectif de 340 hommes chacune, la première sous les ordres de M. Poussargues, commandant du 18e bataillon de chasseurs à pied, ayant en tête une compagnie de gardes républicains commandée par le capitaine Picaut; la seconde, sous les ordres de M. Vassal, commandant des gardiens de la paix, ayant en tête une compagnie de ces gardiens.

Ces deux colonnes devaient arriver ensemble, l'une sur le plateau supérieur, l'autre sur le plateau inférieur, de manière à surprendre simultanément les postes préposés à la garde des canons.

La marche, habilement conduite, amena, en effet, les deux troupes à la même minute aux points où elles devaient se donner la main sur les deux plateaux. Quelques factionnaires placés autour essayèrent seuls de faire résistance et tirèrent sur nous des coups de fusil auxquels répondirent les hommes d'avant-garde des colonnes. Puis ce fut tout.

Avant que les postes de gardes nationaux n'aient eu le temps de sortir de leurs corps de garde et de se mettre en défense, ils étaient enveloppés, les positions étaient enlevées, les canons étaient pris, leurs défenseurs faits prisonniers, et — capture autrement importante — une douzaine d'individus inconnus, délégués ou membres des comités, avaient été arrêtés, et tous leurs papiers saisis.

L'opération avait bien réussi. On avait évité l'effusion du sang autant que possible, quelques hommes seulement avaient été légèrement blessés, un seul garde national paraissait plus grièvement atteint.

On enferma les prisonniers dans la maison située au n° 6, rue des Rosiers, qui borde le plateau supérieur des buttes. Ensuite, le général installa lui-même ses troupes de façon à garder le tout ; il fit faire le recensement des pièces d'artillerie : on en compta 171 sur les deux plateaux.

Enfin, on fit combler une espèce de tranchée afin de faciliter l'enlèvement des canons que l'on espérait bien emmener dès que les chevaux d'attelage seraient arrivés.

Il est absolument démontré aujourd'hui que si les chevaux d'attelage eussent été rendus assez tôt et en nombre suffisant aux buttes, l'expédition eût été complétement terminée et avec le plus grand succès avant six heures du matin. On les attendit vainement depuis cinq heures jusqu'à huit heures et demie.

Près de quatre heures durant, les troupes restèrent l'arme au pied sur les buttes ou au coin des rues. Pendant ce temps, la population du faubourg s'éveillait et apprenait l'expédition du matin. Des agitateurs nombreux parcoururent les bas quartiers, appelant, au nom du comité, les gardes nationaux aux armes. Ils firent sonner le tocsin et battre la générale ; bientôt une multitude immense encombra les rues de Montmartre.

On entoura les pelotons qui gardaient l'entrée des voies conduisant aux buttes. On demanda aux soldats s'ils avaient déjeuné. Entre sept et neuf heures du matin, il était tout naturel qu'ils fussent encore à jeun ; on ne se servit pas moins de leur réponse négative pour répandre cette stupide clameur que le gouvernement faisait mourir de faim les frères de l'armée. Alors, sur plusieurs points, on organisa des quêtes, on en distribua, ou plutôt on en jeta bon gré mal gré le produit aux soldats. Puis, on les invita çà et là à boire ou à manger aux débits voisins, et bientôt les rangs des pelotons furent entremêlés de gardes nationaux, de femmes et d'enfants.

Cette manœuvre, pratiquée avec des démonstrations amicales pour l'armée, est désastreuse en temps d'émeutes, si les chefs n'ont pas le soin de l'arrêter net.

Le 18 mars, on s'y est encore une fois laissé prendre, et cependant elle était à prévoir, eu égard à la composition exceptionnelle et au défaut de cohésion des troupes.

Les régiments de marche avaient été récemment formés avec des cadres improvisés et avec des soldats de Paris qui n'avaient, pour ainsi dire, aucune pratique de la discipline. Incorporés et armés au temps du siége, désarmés et laissés quasi-errants depuis l'armistice, ils venaient d'être ralliés nouvellement et ne connaissaient encore ni leurs chefs, ni leur devoir.

Beaucoup d'entre eux, d'ailleurs, n'avaient pas encore eu le temps de rompre leurs relations. Ils étaient des faubourgs de Paris et se regardaient toujours comme citoyens et non comme soldats. Devant de tels hommes, les excitations de la foule eurent un succès facile et un fatal résultat. Quand les officiers voulurent commander, ils trouvèrent devant eux une cohue désordonnée au lieu d'une troupe rangée et docile.

Telle est la déplorable situation qui s'était produite dans les rues gardées au pied des buttes, pendant qu'on attendait toujours en haut les chevaux d'attelage. Le général, loin d'être informé de ces graves détails, fut odieusement trompé sur les intentions de toute cette foule dont il pouvait entendre le bruit et voir l'agitation. Il le fut surtout à l'égard du motif pour lequel on faisait battre le rappel et sonner le tocsin, et voici comment :

Vers sept heures, M. Clémenceau, maire de Montmartre, arriva sur le plateau supérieur pour faire donner, a-t-il dit, des secours au garde national blessé dont il a été parlé plus haut. Il se rendit tout droit à la maison où ce blessé était déposé et voulut le faire enlever sur un brancard pour le porter à l'hôpital. C'était évidemment une imprudence des plus dangereuses que de faire traverser les rues de ce quartier dans un pareil moment à un homme couvert de sang. C'était faire la promenade du cadavre, cette manœuvre élémentaire de toute insurrection parisienne.

M. le commandant Vassal comprit qu'elle allait faire crier, comme toujours : « On assassine nos frères ! Aux armes ! etc. » Il s'y opposa. M. Clémenceau insista en sa qualité de maire. Cependant il consentit à en référer au général qui se trouvait à peu de distance.

Le général défendit d'enlever le blessé dont un médecin militaire s'occupait assidûment, d'ailleurs. Ensuite, interpellant M. Clémenceau comme maire, il lui demanda ce que signifiait tout le bruit qu'il entendait en bas et pourquoi surtout on battait la générale.

Au dire de plusieurs témoins des plus honorables qui ont assisté à cette conversation, M. Clémenceau se confondit en protestations contre le sentiment de défiance qu'inspirait ce quartier, assura que ces batteries et ces sonneries n'appelaient que des hommes d'ordre disposés à aider à l'enlèvement des canons dont Montmartre était finalement embarrassé, et termina en disant solennellement qu'il répondait de la tranquillité de son arrondissement.

Devant une telle assurance donnée par un magistrat, le général continua à attendre les attelages et ne prit même aucune mesure nouvelle de sûreté. Il est superflu de dire que sans ces paroles le général eût pris des précautions, et que les abominables scènes qui vont suivre eussent été empêchées.

Vers huit heures, la place Saint-Pierre, que l'on voyait distinctement du haut des buttes, était remplie de gardes nationaux, de femmes et d'enfants, parmi lesquels on remarquait aussi quelques soldats.

A huit heures et demie environ, trente gardes nationaux parvinrent, on ne sait comment, à déboucher par une petite rue sur le plateau supérieur; ils étaient en armes, la crosse en l'air et demandant à parlementer. On les repoussa; ils se retirèrent en menaçant les troupes de les faire descendre plus vite qu'elles n'étaient montées.

Le général fit alors avancer deux compagnies de chasseurs à pied, et les fit placer face à la place Saint-Pierre. Il ne s'occupa pas des rues ni des ruelles situées sur les deux flancs et sur les derrières de la butte, parce qu'il les croyait gardées par les pelotons du 88e, et, de sa personne, il se tint non loin de ces deux compagnies.

Bientôt une multitude immense assaillit les plateaux par les pentes, par les rues, par les maisons et les jardins, entraînant avec elle des rangs entiers de soldats hébétés qu'elle avait arrachés à leurs pelotons et qui se présentaient devant leurs camarades avec la crosse en l'air. M. le commandant de Poussargues demanda plusieurs fois au général l'ordre de faire feu. Le général lui fit signe de repousser les assaillants seulement à la baïonnette. Mais, par derrière, les arrivants étaient aussi nombreux que par devant; ils étaient accompagnés, eux aussi, de soldats qu'ils avaient rencontrés et embauchés.

Devant tous ces flots humains, l'action des chasseurs fut paralysée; on ne put se servir de la baïonnette. Le général fut enveloppé, saisi, emporté plutôt que conduit rue des Rosiers, 6. On lui demanda de signer un ordre qui prescrivît aux troupes de rentrer. Il refusa.

Alors on le mena sous escorte rue de Clignancourt, où devait se trouver un comité qui prononcerait sur son sort au Château-Rouge. Les prisonniers qu'il avait faits le matin furent relâchés et répandirent le bruit qu'il avait fait tirer sur le peuple. On montra pour preuve le moribond blessé à cinq heures du matin. Il n'en fallut pas davantage pour exciter la population à la vengeance contre lui.

M. le commandant de Poussargues, M. le commandant Vassal et plusieurs autres officiers furent également arrêtés et conduits au Château-Rouge. Ils y restèrent jusqu'à une heure après midi.

L'inculpé Simon Mayer, qui, en sa qualité de capitaine du 169e bataillon de la garde nationale, commandait dans cet établissement, les reçut et les garda. Il accepta aussi la garde de plusieurs autres officiers arrêtés arbitrairement de dix heures à midi. C'étaient : 1° M. le capitaine Duguet, qui avait été arrêté sur le boulevard Magenta comme soupçonné d'avoir porté des ordres au général Lecomte ; 2° M. Dally, capitaine au 94e, qui avait été arrêté à la gare du Nord en descendant du chemin de fer et en rentrant de captivité en Prusse ; 3° M. le commandant Lartet, du 76e de marche, qui avait voulu empêcher sa troupe de se mêler aux rebelles ; 4° M. le capitaine Chinoufre, arrêté à la gare du Nord, que l'on accusait d'avoir voulu faire tirer sur le peuple.

Vers une heure après midi, tous les prisonniers, au nombre de onze, furent livrés par le capitaine Mayer (Simon) à un capitaine de la garde nationale qu'il ne

connaissait pas, mais qui se présentait avec un ordre
écrit, portant quatre signatures inconnues, le cachet,
une empreinte de composteur d'un comité.

Simon Mayer plaça lui-même le général et les dix
autres prisonniers entre les deux rangs d'un peloton
d'environ soixante hommes que commandait le capitaine inconnu porteur de l'ordre du comité, lequel
avait avec lui le lieutenant Lagrange, aujourd'hui inculpé. Ce peloton se mit en marche à travers une foule
considérable qui vociférait des menaces de mort contre
les onze officiers, et principalement contre le général
Lecomte.

Il arriva rue des Rosiers vers deux heures. Le lieutenant Lagrange le fit entrer dans la maison n° 6 ; il
abandonna les prisonniers à la foule, qui les fit entrer
dans une petite chambre dont la fenêtre donnait sur la
cour. Quant à lui, il se rendit avec sa troupe au fond
du jardin, où nous le verrons tout à l'heure former un
peloton d'exécution de dix-huit hommes.

Le général en entrant dans la chambre, demanda à
voir ce fameux comité dont tout le monde parlait. La
foule ne lui répondit qu'avec un redoublement d'injures et de menaces. Les officiers de la garde nationale, à l'exception d'un capitaine âgé, nommé Garcin,
et d'un docteur en uniforme, tous deux acharnés
contre les prisonniers, essayèrent de calmer les cla-
meurs du dehors. L'un d'eux même, le lieutenant
Meyer, dont on ne saurait trop louer les efforts, lutta
souvent contre des énergumènes qui voulaient péné-
trer dans la chambre.

Une heure environ se passa ainsi ; quant au comité,
nul ne savait où le trouver. Cependant, au premier
étage de la maison, quelques individus s'arrogeaient
une certaine autorité. Il y avait là un autre dépôt de

prisonniers, composé de M. Lafosse, capitaine du génie, d'un sous-garde du génie, arrêtés tous deux aux fortifications, sous prétexte d'espionnage pour le compte des Prussiens, de M. le marquis de Montebello, de M. Binville de Maillefer, arrêtés aussi sous prétexte d'espionnage. Le nommé Kadanski, aujourd'hui inculpé, leur faisait subir une sorte d'interrogatoire.

Ce Kadanski, Polonais, exilé à la suite d'une condamnation russe, n'était à Paris que depuis le matin, arrivant d'Autun et venant d'être nommé commandant de place par le nommé Jaclard, adjoint de Montmartre. Il serait puéril de s'arrêter à l'idée qu'un pareil homme pût être le délégué ou le membre d'un comité, et c'est pourtant à lui qu'on amenait les prisonniers.

Une grande heure s'écoula ainsi, pendant laquelle les outrages et les menaces les plus violentes ne cessaient d'être proférés contre le général et ses compagnons. Où étaient donc et que faisaient ces prétendus membres du comité dans un pareil moment? Que faisait surtout M. le maire Clémenceau, qui, le matin avant le jour, avait si bien trouvé le moyen d'être informé de la prise des canons, et qui prétendait, le soir, n'avoir rien su des suites bien autrement retentissantes de l'expédition?

Néanmoins, il est facile de comprendre que l'action de ceux qui dirigeaient cette populace s'est fait sentir sur plusieurs points, pour accroître le mouvement et pour pousser cette foule aux actes qui vont suivre.

Vers trois heures de l'après-midi, le général Clément Thomas descendait de voiture place Pigalle et se dirigeait vers le boulevard Rochechouart. Des gardes nationaux du bataillon le reconnurent; on le signala à leur colère comme ayant fait déporter des citoyens en 1848 et comme ayant montré au temps du siége une sévérité excessive contre les gardes nationaux.

Aussitôt il fut entouré, injurié, saisi et arrêté par des groupes d'hommes de ce bataillon, et notamment par le capitaine Aldenoff qui sortit de son rang tout exprès. Aldenoff le conduisit au capitaine Ras, qui commandait ce jour-là le bataillon par intérim, à défaut du chef de bataillon qui refusait de marcher contre l'armée.

Ras, heureux de jouer un rôle, fier d'être contemplé par 50,000 personnes qui allaient le voir passer amenant un général détesté au tribunal du peuple; Ras, disons-nous, ne prit aucun souci des périls imminents auxquels il allait exposer le prisonnier. Il le conduisit ainsi rue des Rosiers Ce courtisan de la populace n'en était pas à son coup d'essai. Dès le matin il avait déjà arrêté et fait garder à vue un lieutenant du 88ᵉ qui n'avait pas voulu suivre ses soldats embauchés par l'insurrection.

Pendant le trajet, Ras ne chercha pas à empêcher la foule de bousculer l'infortuné général; arrivé à la rue des Rosiers, il le laissa enlever et déposer violemment dans la chambre où étaient déjà le général Lecomte et ses deux compagnons, puis il resta là. Plus de deux mille individus l'avaient escorté; tout ce monde, armé des plus violentes rancunes, voulut entrer; on se bouscula jusque dans une chambre dont le lieutenant Meyer avait à peu près réussi jusqu'alors à défendre la porte.

A ce moment, un officier étranger, le nommé Herpin-Lacroix, inculpé, ex-capitaine de francs-tireurs, grimpa sur une marquise au premier étage, fit faire un roulement par le tambour Poncin, et demanda à

cette foule, que la colère avait pour ainsi dire « bes-
tialisée », de former une Cour martiale pour procéder
à un jugement. On ne l'écouta pas.

Kadanski lui-même parut dans la cour et voulut
prononcer des paroles contre l'exécution des menaces
de mort que proféraient presque toutes les voix. On
ne l'écouta pas, on lui arracha ses galons.

Enfin, vers cinq heures, une violente poussée du
dehors fit envahir la chambre des prisonniers par la
porte et par les fenêtres en même temps, des fusils
furent dirigés contre les généraux ; un sergent d'infanterie se précipita vers le général Lecomte, lui mit
le poing sous le nez, et lui dit que, pour se venger
d'une punition de trente jours de prison qu'il lui avait
infligée, il allait lui tirer le premier coup de fusil. Un
caporal, le nommé Marioné, du 3e bataillon de chasseurs, et quelques autres soldats, ont remarqué plus
spécialement que les gardes nationaux crièrent : « A
mort ! qu'on les fusille ! sinon, ils nous feront fusiller
demain ! »

A ces mots, le général Clément Thomas fut saisi,
expulsé de la chambre et poussé à coups de crosse et
à coups de poing dans le jardin. Pendant le trajet,
quelques coups de fusil, tirés à bout portant, l'attei-
gnirent et le couvrirent de sang ; il ne tomba cependant pas, il put se tenir debout jusqu'à ce qu'on l'eût
acculé le dos au mur. Là encore il était debout, tenant
son chapeau de la main droite et essayant de garantir
son visage avec le bras gauche.

De nouveaux coups de fusil tirés de toutes parts
finirent par l'abattre sur le côté droit, la tête au mur
et le corps plié en deux. Des scélérats s'approchaient
encore et tiraient toujours à bout portant ou frappaient
sur son cadavre à coups de pied et à coups de crosse.

Pendant ce temps le général Lecomte était encore dans la chambre; il entendait les coups de feu, et comprenait que lui aussi allait mourir de cette horrible mort. Il conserva tout son calme, il remit son argent au commandant de Poussargues, lui fit des recommandations pour sa famille et marcha au-devant des assassins avec une dignité si ferme que plusieurs officiers le saluèrent; il leur rendit leur salut. Une résignation aussi sublime aurait trouvé grâce devant des barbares : elle ne toucha pas les modernes civilisés de Montmartre.

A peine avait-il fait une dizaine de pas dans le jardin, qu'un de ses bourreaux lui tira par derrière un premier coup de fusil qui le fit tomber sur les genoux. Aussitôt, un groupe le releva à moitié et le fit approcher du cadavre de Clément Thomas. Ce fut là qu'il fut achevé par une dizaine de coups tirés à bout portant, que son cadavre fut mutilé, souillé, et que deux soldats, l'exécration de l'armée, vinrent encore décharger leur arme sur lui.

On a vu par ce qui précède qu'il n'a été procédé à aucun simulacre de jugement, et que ce n'est pas, comme on l'a dit, par un feu de peloton que l'assassinat a été commis. Cependant un peloton de dix-huit hommes, pris parmi les soixante gardes nationaux que commandait l'inculpé Lagrange, a bien été formé vers quatre heures et placé face au mur près duquel les victimes ont été frappées Cette disposition a été réellement prise par ordre d'un capitaine dit garibaldien et qui ne peut être que le prévenu Herpin-Lacroix ; mais ce peloton s'est mêlé lui-même à la foule en rompant les rangs sans ordre.

Il n'y a pas eu de feu à commandement, les hommes de la foule ont tiré à volonté ; mais cent voix ayant instantanément crié : « Allons, tirez ! — A toi ! — Fais feu ! etc., » il n'est pas étonnant que, par la suite, plusieurs inculpés d'aujourd'hui se soient vantés d'avoir commandé le feu.

Sous la Commune, il était avantageux de pouvoir se flatter d'avoir participé à cet horrible crime : on était immédiatement récompensé; témoin Ras, qui fut élevé peu de temps après du grade de capitaine à celui de commandant; témoin Simon Mayer, nommé commandant de la place Vendôme; témoin Kadanski, que l'on plaça à l'état-major de Wrobleski; Herpin-Lacroix, qui devint commandant d'un bataillon.

Cependant, le jour du crime, à l'heure où le dernier coup de feu venait d'être tiré, le spectacle navrant qu'offraient les deux cadavres parut avoir jeté une certaine épouvante parmi cette foule coupable : elle eut horreur de ce qu'on venait de commettre, et elle se dispersa honteuse et affolée.

Quelques individus seulement se souvinrent qu'il restait encore dix officiers prisonniers. Alors, ce fut à qui essayerait de vouloir les sauver; mais on avait le soin de faire constater les efforts que l'on tentait. Ce fut ainsi que ces dix officiers furent amenés au Château-Rouge.

En descendant les buttes, ils rencontrèrent M. Clémenceau accompagné de Simon Mayer; il venait, disait-il, d'apprendre le danger que couraient les deux généraux et s'empressait de venir à leur secours. On lui répondit qu'ils avaient été tués. Simon Mayer déclara que l'on venait de déshonorer la République; mais Clémenceau l'arrêta en lui faisant publiquement observer que, puisque le fait était accompli, il était inutile de se faire un mauvais parti; puis il se retira, laissant Simon Mayer monter seul la rue des Rosiers.

Dans la nuit seulement les derniers prisonniers furent mis en liberté.

Le rapport énumère ensuite les charges spéciales qui pèsent sur chaque accusé.

RÉQUISITOIRE

(AUDIENCE DU 15 NOVEMBRE 1871)

Après un exorde dans lequel il déclare que ce n'est pas dans l'intérêt de l'armée seule, mais de la société tout entière, qu'il prend la parole, M. le commandant Rustan reprend le récit de la journée du 18 mars. Nous reproduisons intégralement cette partie du réquisitoire, la plus intéressante au point de vue historique où nous nous plaçons.

Je n'ai pas à vous dire l'esprit de la capitale, ce serait inutile ici. Le crime a été commis dans un espace restreint, avec trois étapes dans ce chemin de la croix. Le général Lecomte est amené brutalement à la rue des Rosiers. « On allait comme à un enterrement », disait un témoin! La force à laquelle il est remis s'appesantit sur lui jusqu'à son assassinat. Genty seul est accusé de cette arrestation pour s'en être vanté. Vous savez quels sont les officiers qui accompagnaient le malheureux général. Au Château-Rouge, le commandant Mayer le reçoit! C'était une terrible responsabilité dans cette situation, car, vous le savez, il fallait, disait-il, des garanties pour la fin de la journée. De quel droit retenait-on ces deux généraux? Qu'a-

vaient-ils fait? Il vous faut des garanties pour la fin de
la journée, et c'est Mayer qui vous le dit. Mayer va à
Montmartre raconter au maire qu'il est dépositaire
d'un général et d'officiers. Le maire répond, sentant
le péril : « Je vous charge de leur sauvegarde, vous
en répondez! » Et Mayer s'en charge. On croyait être
en sûreté. Alors, on s'occupe de ce déjeuner qui a peu
servi aux prisonniers et beaucoup aux autres, car on
a dépensé 86 francs. On interroge Mayer et ceux qui
l'approchent. Il n'y a que des fidèles dans cette forte-
resse du dix-huitième arrondissement, des purs parmi
les purs! C'est pour cela que Mayer, officier sans compagnie, est commis à la garde de ce qui se passera
dans le Château-Rouge. Il a bénévolement accepté
cette responsabilité, et vous lui tiendrez compte de ce
zèle. Pendant le déjeuner, on demande au général
Lecomte un ordre de désarmement. C'eût été un tro-
phée devant les pelotons purs et fidèles! A défaut
d'ordre refusé par le général, on lit un ordre faux!

Mayer, qui se prodigue, va de l'un à l'autre. Avoir
retenu des officiers malgré la loi et les mœurs était
une faute : Mayer en fit une bien plus grande en les
livrant à la foule. Et Mayer a bien compris cette responsabilité, car, dit-il, il n'a livré que sur un ordre!
Si cet ordre existe, que m'importe? l'autorité qui l'a
donné est irrégulière! Le commandant Jurie, avant
l'arrestation de Mayer, n'hésite pas à dire qu'il a vu
au Comité Ras et d'autres et Mayer (Simon) : Mayer
(Simon), un ami de vingt ans! Ici il a omis le nom de
l'ami de vingt ans! Tout le monde, d'ailleurs, est
venu à ce Comité, tous ceux qui étaient dans les idées
de Mayer! C'est avec des instructions nouvelles du
Comité que les officiers ont été livrés.

Quelques hommes, à ce moment, craignant le passage de tout Montmartre, entendant les vociférations, les cris de mort, font des observations à Mayer : « Mêlez-vous de ce qui vous regarde, j'ai des ordres ! » répond Mayer. Et que dit-il aux officiers ? « Je réponds de vous, mais je voudrais pouvoir répondre du général ! » Vous saviez donc les desseins de ce comité, Mayer ! On fait la haie, on marche pour aller rue des Rosiers pour trouver enfin le comité ! Vous avez vu ce chemin du Calvaire !

On tourne autour de Montmartre, dans les rues où les passions sont les plus vives, et les cris de mort commencent aux grilles du Château-Rouge ! Toute la population des barricades, avec tous ses éléments, est là, surexcitée, sauvage ! Les officiers marchent cependant dignes ; les clairons sonnent des marches triomphales, puis, pour enlever la foule rue des Rosiers, on sonne la charge !

On voit alors partir de la maison quelques individus qui se sauvent : ce sont les membres du comité ; ils ont vu venir l'orage, et ils se sont, eux aussi, lavé les mains, et ils se sont retirés.

Cette écume monte, monte, s'enivre elle-même de ses cris, force la fenêtre ! Quelle différence avec l'attitude à l'audience, où tous déclarent avoir voulu sauver les malheureuses victimes ! C'est dans cette atmosphère de colère et de haine que viennent le garde du génie Papegay, le capitaine du génie Lafosse, puis M. Douville, puis M. de Montebello et Midavaine, les premiers prisonniers de la journée, pris soit comme espions de Versailles ou comme *roussins*. La foule s'avance, le bruit monte, et la foule vomit enfin comme une vague Clément Thomas !

Le général Clément Thomas était un nouvel appât pour cette foule avinée, surexcitée. Les cris de mort

redoublent, les carreaux volent en éclats, et enfin tout
cède sous la pression ; la tourbe entre, on y voit les
figures de toutes les révolutions ; Masselot est là,
Aldenoff est là, Leblond est là, Chevalier est là, Ribemont y est déjà ! Leblond est au premier rang, le fusil
à la main, lui qui le matin a voulu tuer un capitaine !
Ah ! si tous ne sont pas là, ceux qui y sont ont été
reconnus, ceux-là, nous les avons, et vous les gar-
derez !

On veut tuer le général Clément Thomas dans la
chambre ; il sort, le chapeau à la main. Vous savez qui
a formé le peloton d'exécution. Au lieu de dix-huit
hommes au choix, on trouve trente hommes, cent,
peut-être deux cents hommes, car il y a soixante-dix
balles dans le corps du général. Le malheureux a pu
arriver jusqu'au mur, la tête haute, cette belle tête
que tout Paris connaissait, et là, reculant à chaque
coup, criant toujours ce cri qui a été l'orgueil de sa
vie, il tombe.... Voilà comment est mort ce républicain !

Leblond, vous le savez, voyant faiblir un chasseur,
a pris son arme, a ajusté, et a eu l'honneur de tirer
le dernier coup ! Oui, je comprends que le spectre du
général Clément Thomas soit venu hanter les visions
de vos nuits ; je comprends que, voyant venir les
agents de la justice, vous ayez dit spontanément : « Je
sais ce que vous voulez, on m'a vendu » ; on vous a
vendu heureusement, car en vous vendant on a délivré la société d'un danger de plus.

Le général Lecomte sort ensuite la tête haute, après
un serrement de main furtif à un camarade, après un
mot d'adieu pour sa femme et ses enfants. Il est si
digne, que ces forcenés mêmes se découvrent devant
lui. On se hâte, on a peur de se laisser attendrir, et

on le tue lâchement par derrière. On le traîne alors par les jambes et les pieds ; on le jette à côté de l'autre cadavre.

Vous rappelez-vous le grand crime de l'Histoire sainte, raconté à votre enfance ? C'est bien ainsi. Quand le sang a coulé, quand les habits sont déchirés, un remords épouvantable saisit la foule ! La maison de la rue des Rosiers devient une maison de désolation ! On ne retrouve la vantardise qu'au bas de la rampe, après la première stupeur passée. Alors on brandit l'épée du général C'est je ne sais quoi qui reste dans la conscience la plus perverse, qui s'était réveillé.

Le comité se rassemble. On se hâte de se créer des droits à la mansuétude de la justice, on s'empresse auprès des officiers encore retenus, on sent la justice à venir ; ce forfait ne pouvait être impuni. On se crée des droits à la reconnaissance et à l'indulgence.

Mayer, cependant, va voir cet invisible comité, et on relâche ces officiers.

On boit alors, les cadavres sont oubliés, et le gouvernement insurrectionnel peut commencer !

Mais les cadavres sont toujours rue des Rosiers ; un homme seul est resté. Il voit un trou dans le jardin pour ensevelir ces deux nobles victimes ; il s'y oppose, place la lampe des morts dans la chambre, y transporte les cadavres.

On les a ensevelis en soldats nobles et valeureux, sur une civière, sur une porte ; mais on se cache pour cet acte si respecté, et à deux heures du matin on va au cimetière que vous connaissez.

Quelle est la part de chaque accusé ? Il faut ici se rappeler ce qu'a dit Mayer : « Il fallait des garanties pour la fin de la journée ! » Il nous faut à nous aussi des garanties pour notre sécurité, et, devant le crime de la rue des Rosiers, nous ne les trouverons que dans la loi et dans le Code pénal!

En ouvrant ces débats, je vous en ai montré les graves difficultés : l'instruction faite trois mois après le crime, où étaient les accusés, les complices, les témoins? Des tâtonnements successifs nous ont amenés au résultat d'aujourd'hui. J'espérai qu'il y aurait de la part des officiers cités des reconnaissances, et je ne me suis pas trompé. Bien des prévenus, arrêtés et maintenus pour avoir été seulement rue des Rosiers, n'y ont pas été, et il faudra les relâcher! Pour ceux-là, l'emprisonnement préventif aura été suffisant.

Avoir été impliqué dans cette affaire odieuse sera plus grave encore pour eux que la tache de la prison préventive. Il n'y a pas de parti pris de ma part, vous le voyez ; je cherche avec la seule passion de la vérité, et si l'épithète d'assassin n'est pas retenue pour un accusé, nous demandons que le Conseil le relâche !

Verdagner est le premier sur cette liste du crime : le premier, parce que son crime, sa désertion, remonte à huit heures du matin.

Il était à Montmartre, occupé à combler les tranchées, sous les ordres d'un jeune sous-lieutenant. Vous vous rappelez qu'une députation menaçante put alors descendre et demander à parlementer avec le général Lecomte. Les pourparlers ayant été infructueux, on prononça alors ce mot qui vous a certainement frappés : « Eh bien! alors, vous descendrez les buttes plus vite que vous ne les avez montées ! »

Pour que cette députation ait pu arriver, il fallait que le cordon eût été forcé. La trouée a été faite par Verdagner, il l'a avoué avec des variations; il l'a répété à qui a voulu l'entendre : « J'ai fait mettre la crosse en l'air ; je n'ai pas voulu tirer sur le peuple. »

Il serait puéril de discuter la gravité de son crime au point de vue militaire et la gravité qu'il emprunte aux circonstances qui l'ont suivi. Sans lui, le général Lecomte serait peut-être encore en vie, et cette intéressante famille ne serait pas dans le deuil. C'est là une désertion à l'ennemi : la loi et le Conseil de révision ne permettent pas de douter à cet égard.

Vous connaissez les nombreuses explications de l'accusé. S'il a mis la crosse en l'air, il en a reçu l'ordre ! Non, jamais on ne lui a commandé de mettre la crosse en l'air ! Vous avez vu son commandant, si malheureux à l'audience en présence de cette allégation, et dont la seule préoccupation était de vous démontrer qu'il avait tout fait pour retenir ses hommes et empêcher cette défection ! Tous les bons soldats étaient encore fidèles quand Verdagner a levé la crosse ! Tous les bons esprits ont rejoint le régiment ; lui seul a déserté l'honneur, et a été ensuite rue des Rosiers.

On vous a accusé d'assassinat, Verdagner, parce que vous vous en êtes vanté ; les témoins nous l'ont parfaitement dit. Pendant un des soupers joyeux faits dans l'hôtel du général Ambert, aux dépens de sa maison et de sa cave, le sergent, devenu commandant, n'a-t-il pas dit : « J'ai été de ceux qui ont passé au peuple. — Vous étiez au milieu de la foule, à Montmartre ? demande un convive. — Oui, j'ai fait mettre la crosse en l'air à mes hommes ; je n'ai pas voulu tirer sur des pères de famille ! J'ai fait plus : le général Lecomte m'ayant menacé de me faire fusiller, j'ai pris les devants et c'est moi qui l'ai fusillé ! »

Voilà ce qu'il a dit, les dépositions sont encore présentes à votre esprit.

Les filles Dagasse et Bonnard sont complices des vols commis par Verdagner chez le général Ambert ; chez le général Ambert qui avait été si bon pour ces femmes, qui leur avait donné des secours et les avait employées ! Leur reconnaissance, vous la connaissez : elles volent et pillent; puis, pour tout cacher, on fait réquisitionner la maison par le 91ᵉ bataillon, certain que lorsqu'il aura passé dans l'appartement, tout y aura passé !

La fille Dagasse n'a pu, après avoir bu les vins du général, résister au désir de porter les bijoux de ses filles ! Verdagner a bien aussi voulu se parer des décorations de cet officier, mais il n'a osé se compromettre aux yeux des purs de son bataillon ! Vous avez vu jusqu'où allait le dévouement de la fille Dagasse pour Verdagner elle lui a donné tous les effets du général, son paletot, ses bottes, son lorgnon même !

Il s'agit, pour ces deux filles, de vols domestiques avec toutes leurs circonstances aggravantes ! Les relâcher serait compromettre les intérêts de la société !

M. le commissaire du gouvernement déclare abandonner l'accusation pour Simonet, qui a eu des torts suffisamment expiés, et dont le passé honorable répond de l'avenir.

Pour Aldenoff, la déposition de Simonet, corroborée par d'autres témoins, ne peut laisser aucun doute sur sa culpabilité. C'est Aldenoff qui s'est détaché pour aller arrêter le général Clément Thomas et le conduire à Ras, qui faisait fonction de capitaine commandant. Simonet a bien vu tout cela, et les allégations de l'accusé pour détruire ce témoignage ne sont que de stériles efforts.

Il y a eu en sa faveur des témoins à décharge complaisants; mais les complaisances de cette nature ne portent pas bonheur, et vous avez entendu leurs contradictions.

Rue des Rosiers, Aldenoff était « des plus acharnés », vous a dit le capitaine Beugnot Si vous étiez rue des Rosiers, Aldenoff, c'est que votre nature vous y a poussé Vous êtes, pour tout Montmartre, le père Absinthe ! Si vous avez été blessé, c'est que vous vous êtes cogné contre quelque porte en rentrant ivre, et alors vous avez eu besoin des compresses de la mère Lefèvre, votre voisine de carré !

Nous arrivons à Ras, qui commandait le bataillon. L'accusation croyait qu'il avait eu une part très-grande dans l'arrestation du général Lecomte. On s'est étonné à bon droit de voir Ras quitter son bataillon à la Boule-Noire pour aller rue des Rosiers ; mais cette opinion s'est modifiée à l'audience. Ce n'est pas le commandant fanfaron que l'on pensait : c'est un homme ayant de l'aisance et de la considération, mais qui est d'une insigne faiblesse, allant jusqu'à faire tout ce qu'on peut lui demander. Lui aussi a été entraîné par l'amour du galon ! Quand on lui a offert le commandement de ce bataillon, il a fait les observations que peut faire un bonnetier timide et faible, et il a accepté.

Mais ces hommes faibles sont trop nombreux. Combien y en a-t-il dans le type du bourgeois de Paris, cet ennemi le plus dangereux de notre société ! Jamais on ne trouve ces hommes pour vous appuyer quand on a le droit de compter sur eux ; mais ils sont de toutes les défections !

Au comité nous le trouvons encore tout aussi faible et indécis, ne faisant rien contre, mais ne faisant rien pour. Paris, cette capitale de la civilisation, est, grâce à ces bourgeois peureux, devenu la ville que vous savez, se courbant pendant trois mois sous la verge de quelques forcenés ! Il y a de ce chef, de la part de Ras, une complicité à l'insurrection, et je le retiens.

Delabarre a été vu rue des Rosiers, et cependant l'emploi de son temps, le 18 mars, il prétend vous le donner d'une façon minutieuse ! Mais il y a un malheur : personne ne l'a vu ce jour-là dans les endroits où il prétend avoir été. Les débats ne nous ont pas éclairé et je renonce à l'accusation quant à lui : la prévention sera une peine suffisante.

Chevalier (Alexandre), sergent au 152e bataillon, a été impliqué de complicité dans l'assassinat pour s'être vanté lui-même d'y avoir participé. Chevalier nie ces propos, mais ils ont été tenus !... Tenez, si vous avez été promu lieutenant par votre compagnie, c'est qu'on a voulu récompenser le zèle que vous avez déployé !... Que le Conseil apprécie...

Chevalier père a été sacristain d'une petite église de village, comme Verdagner à Toulon. — Il est non-seulement de sa personne sur ces bancs, mais il y a entraîné son fils ! Vous savez ce qu'il est. Il regrette de n'avoir pu descendre un deuxième gendarme après en avoir tué un premier. Tel père, tel fils !

Si le père a fait la chasse aux réfractaires, le fils va faire lever la crosse en l'air, ou, avec l'euphémisme de Montmartre, fraterniser avec l'armée. Il y a, hélas ! des lâches parmi nous ; mais, sachez-le, nous ne fraternisons pas avec ceux qui ont vos sentiments !

Chevalier a entraîné Saint-Denis : celui-ci, peu au courant de ce qu'il faut faire, oublie le principal pour sortir, son fusil ! Il en croit de suite l'expérience de Chevalier et revient prendre son arme avant de monter sur les buttes.

Déjà sur les buttes, Chevalier crie : « A mort ! » et il demande la mort des officiers, non pas des soldats. Les soldats, c'est le peuple, mais les officiers, ce n'est plus le peuple !

Saint-Denis revient sur sa déposition première. Je fais ici appel à ses bons sentiments.

Sa première déclaration est la vraie. La prison ne lui avait encore rien dicté de contraire à la vérité !

Ces appels au sang et à la mort sont certains, et il faut se les rappeler.

Quant à Saint-Denis, s'il a l'âge de Chevalier fils, combien peu il lui ressemble ! Entraîné par le mauvais exemple, il a cédé un instant. Il est coupable, mais il a dix-neuf ans ; il a une excellente famille, il ne fera pas d'élèves, et je demande sa rentrée dans la société.

Le tempérament de Gobin vous est connu. Ce concierge, malgré son âge, est allé faire le coup de feu à Asnières ; il s'en est au moins vanté. C'est lui, vous le savez, qui, pour savoir si le général Clément Thomas était bien mort, a frappé le cadavre, l'a tiré par sa barbe blanche.

M. le commissaire du gouvernement déclare renoncer à l'accusation relativement à Heffener, Saint-Denis, Flinois, Lelièvre.

Il abandonne la question d'assassinat pour les accusés Dupont, Ras et Jurie, qui n'auront qu'à répondre de la part qu'ils ont prise au mouvement insurrectionnel.

Il reconnaît que l'accusation n'est pas suffisamment établie pour les nommés Lair et Geanty, qui ont présenté un alibi, et il déclare s'en remettre à la sagesse du Conseil.

M. le commissaire du gouvernement adresse à Leblond des exhortations qui provoquent ses larmes.

Il rappelle qu'au moment de la chute de la colonne Vendôme, Mayer a eu la honte ou plutôt la folie de déchirer le drapeau français à la vue de l'étranger aux portes de Paris.

Vous avez voulu nous ravir notre drapeau, c'était

une folie de votre part, dit en terminant M. le commissaire du gouvernement; mais notre drapeau est sacré par ses malheurs! Nous avons à le réhabiliter, et, tant que nous sommes, nous voulons le garder!

JUGEMENT

(AUDIENCE DU 18 NOVEMBRE 1871)

M. le président donne lecture du verdict aux termes duquel sont condamnés :

VERDAGNER, LAGRANGE, Simon MAYER, MASSELOT, ALDENOFF, HERPIN-LACROIX, LEBLOND, à la peine de mort;

GOBIN, aux travaux forcés à perpétuité;

PONCIN et Arthur CHEVALIER en dix ans de la même peine;

KADANSKI à la déportation simple;

François CHEVALIER à dix ans de réclusion;

JURIE à cinq ans de prison;

SAINT DENIS à trois ans,

RIBÉMONT et RAS à deux ans;

Alexandre CHEVALIER à un an de la même peine.

Dupont, Lelièvre, Simonet, Flinois, Heffener, Genty, Lair, et les filles Bonnard et Dagasse, reconnus non coupables, sont acquittés.

9548. — Paris, imprimerie Jouaust, rue Saint-Honoré, 338.

Documents sur les événements de 1870-71

FORMAT IN-18 JÉSUS

—

LITTÉRATURE OFFICIELLE SOUS LA COMMUNE,
1 vol. . . . . 2 fr.

TROCHU ET PALIKAO, 1 vol. . . . . 1 fr.

BAZAINE ET CHANGARNIER (Lettres, Discours, etc.)
1 vol. . . . . 1 fr.

LES MANIFESTES DU COMTE DE CHAMBORD ET
LA PRESSE PARISIENNE. 1 vol. . . . . 1 fr.

L'ARMÉE DE VERSAILLES (Dépêches militaires,
Rapport de Mac-Mahon). 1 50

LA CRISE CONSTITUTIONNELLE EN AOUT 1871.
(Proposition Rivet.). . . . . 2 fr.

MESSAGES DE M. THIERS (1re partie — 1er et 13
septembre 1871) . . . . 1 fr.

SITUATION INDUSTRIELLE ET COMMERCIALE DE
PARIS EN OCTOBRE 1871 . . . . 1 fr.

LE DOSSIER DE LA COMMUNE DEVANT LES
CONSEILS DE GUERRE. . . . . 3 fr.

Tous les documents d'une importance réelle seront publiés
à mesure qu'ils se produiront.

———

TABLETTES QUOTIDIENNES

DU SIÉGE DE PARIS

RÉIMPRESSION DE LA

LETTRE-JOURNAL

Un vol. in-8º. — Prix : 3 fr.

La collection de la Lettre-Journal se vend aussi en numéros détachés.

———

NOTA. — La Librairie des Bibliophiles a repris la publication
de ses éditions d'amateurs. — Demander le catalogue.

PRAISE FOR BOOZE TO BALANCE

Dr. Makoi's *Booze to Balance* is a refreshingly grounded, body-centered guide that compassionately empowers individuals to improve their health without judgment or dogma. As someone who values integrative and practical approaches to wellness, I highly recommend this book for anyone seeking sustainable change beyond the usual sober slogans.

ZANDER KEIG, MSW, LCSW, AUTHOR OF *THE THIRD SPACE - A NONCONFORMIST'S GUIDE TO THE UNIVERSE*

Booze to Balance is witty, realistic, engaging and beyond the formalities — that too often get in the way of patients being able to hold honest conversations with their Docs. This book provides valuable nutritional information, is easily digestible with self-improvement tips and designed for us to read a chapter each day for 30 days. It's not only doable, it's enjoyable.

DR. AN GOLDBAUER, CLINICAL SEXOLOGIST.

Dr. Kim brings sharp wit, grounded wisdom, and heartfelt guidance to the complex journey of rebalancing your relationship with alcohol. No one gives us an owner's manual on the human body at birth. Dr. Kim helps to demystify these vessels that we inhabit. This book is a refreshingly honest companion for the sober-curious and the sober-serious alike."

RALPH REMINGTON, DIRECTOR OF CULTURAL
AFFAIRS FOR THE SAN FRANCISCO ARTS
COMMISSION AND AUTHOR OF
THE UPCOMING *PENETRATING WHITENESS*

I have always admired Dr. Makoï's refreshing approach to elucidating often knotty concepts within healthcare. May Dr. Makoï's engaging approach continue and even grow for the benefit of all.

DR. SCOTT WALKER, FOUNDER/DEVELOPER OF NET
(NEURO EMOTIONAL TECHNIQUE):

Booze to Balance offers a refreshingly simple 30-day path to loving your liver and reclaiming vitality. Dr. Kim delivers clear, doable practices that support holistic wellness without shame or extremes. Instead of prescribing abstinence, he champions balance. He is guiding readers toward a joyful, embodied relationship with their health, their habits, and themselves.

PAVINI MORAY, M.ED., PH.D., AUTHOR OF HOW TO
HOLD POWER: A SOMATIC APPROACH TO BECOMING
A LEADER PEOPLE LOVE AND RESPECT